아이의 미래를 바꿔주는 좋은 습관

배은경(모티베이션 아카데미 원장) 지음

가림출판사

　이 세상에서 가장 소중한 존재는 누구일까? 이 질문에 가족이라는 대답이 나오기까지는 그리 많은 시간이 걸리지 않는다. 따라서 아이와 관계가 좋다면 그 부모는 성공한 사람이고 아이에게 존경받는 부모는 행복한 사람이라고 생각한다.

　부모와 아이라는 관계는 제일 어려운 관계인 것 같다. 그런데도 부모가 되는 아무런 준비도 없이 부모가 되어 혼란과 두려움, 시행착오를 겪는 사람들이 많다. 부모로서 겪는 어려움을 최소화하고 부모로서 신념과 안정감을 갖게 하는 것, 그것이 내가 부모 교육을 하는 목적이기도 하며, 이 책을 쓰는 목적이기도 하다.

　누구보다 부모는 인격적으로 성숙한 사람이 되어야 한다고 생각한다. 아이를 양육하는 것은 그만큼 힘이 들고, 수양하는 마음이 필요하기 때문이다. 이 책이 모든 부모들이 자신을 뒤돌아보며 자신이 부모가 될 자격이 있는지 생각해보는 계기가 되기를 바란다.

　아이가 자신의 꿈을 이루며 성공하는 삶을 살게 하려면 어릴 때부터 따뜻한 애정 표현, 일관성 있는 훈육 방법, 아이를 인정해주는 양육 방식으로 키워야 한다. 무엇보다도 부모 자신의 정신이 건강하고 행복해야 가정이 화목하고, 아이가 칭찬과 격려 속에서 사랑과 안정에 대한 욕구를 충족하며 건강한 사람으로 성장하게 될 것이다.

　부모에게는 아이의 인격을 비난하거나 창피를 주지 않고, 자신의 생각을 전달하는 기술이 필요하다. 그래서 아이의 행동만 보지 말고 그 속에 담겨진 감정을 읽고 대응해야 하는 기술을 배워야 한다.

들꽃의 아름다움과 끈질긴 자생력을 가진 아이, 감성적인 아이가 이 시대를 살아가는 데 더 적합하다. 아이들은 최상의 컨디션으로 자신의 꿈을 달성하고 인생이라는 마라톤을 완주해야 한다. 어떤 방법으로 달리든 그것은 자신이 선택해야 하고, 부모의 역할은 부모의 도움 없이 아이가 스스로 살아갈 수 있도록 자생력을 키워주는 것이라고 생각한다.

아이를 위한 부모 교육은 공부를 하면 할수록 어렵다는 생각이 들고 숙연해지기까지 한다. 항상 나의 소망은 당신이 내 엄마여서 행복하다는 재성이와 재혁이의 모습을 보는 것이다. 두 아이를 생각하면 언제나 감사하고 행복한 마음이 든다. 군에 있는 재성이는 편지를 통해 부모와 동생을 사랑하는 마음, 끈끈한 가족애를 다시 한번 느끼게 해주었고, 재혁이는 심리학을 공부한 엄마보다 더 깊은 지식과 지혜로 우리 부부를 자주 감동시킨다. 이러한 두 아들을 생각하면 흐뭇하고 대견하다. 가족들을 조용히 지켜보며 정신적인 지주가 되어주는 남편의 모습이 아이들에게는 귀감이 되는 것 같다.

5년 전에 출판된 『자녀를 성공시키는 습관 만들기』로 만났었던 많은 부모들의 감동과 감회를 다시금 뒤돌아보며, 또다시 이 책으로 많은 부모들이 아이들과 더불어 행복해질 수 있기를 기대한다.

C O N T E N T S 

차례

1

행복한 아이로 길러주는
긍정적인 생각 습관

2

아이의 자존감과 성취율을 향상시켜주는
대화 습관

3

성취감이 높은 아이로 길러주는
생활 습관

4 사회성과 자립심을 키워주는
좋은 습관

1

행복한 아이로 길러주는

긍정적인
생각 습관

좋은 부모가 되기 위해서는
철저한 준비를 하라

 부모가 된다는 것은 축복받은 일이다.

처음 만나는 순간부터 사랑에 빠지게 만드는 사랑스러운 보물이 아이들이다. 사랑스런 아이를 행복한 사람으로, 성공한 사람으로 키울 수 있는 방법에 대해 모든 부모는 고민한다.

그러나 양육을 어떻게 하면 아이를 행복하고 성공적으로 키울 수 있다고 정확하게 제시하기는 힘들다. 어떻게 하는 것이 최선이라고 말하기도 어렵다. 왜냐하면 부모뿐 아니라 아이 또한 성향이 다 다르기 때문이다.

부모의 성향에 따라 아이를 양육하는 방법도 달라지는데, 부모는 자신의 성향대로 아이를 양육할 것이 아니라, 아이를 제대로 이해하고 아이에게 맞는 양육법으로 키워야 한다.

아이가 행복하고 성공적인 삶을 살 수 있도록 도움을 주기 위해서는 부모도 부모 자격증을 따야 한다.

부모는 교육자로서의 자질을 향상시키고, 부모 역할을 제대로 하는 방법을 습득해야 한다. 부모 역할도 전문적인 지식을 갖고 수행할 수 있는 프로가 되어야 한다. 부모의 자질은 저절로 얻어지는 것이 아니라 학습과 훈련의 반복으로 얻을 수 있다.

부모의 태도와 양육 방법에 따라 아이의 행동이 다르게 나타난다. 그러므로 아이의 바람직한 인격 형성과 성장을 위해 부모는 가치관, 지식, 태도, 행동 등을 바르게 가르치는 방법을 습득해야 한다.

유아 초기에 아이의 인성적 기반의 많은 부분이 결정된다. 사람은 갓난아이 때부터 부모와 최초로 상호작용을 하면서 인성과 태도를 형성하고, 부모의 사랑과 권위를 경험하며, 부모의 행동을 모방하고 가치관을 내면화하여 간다. 그 가치관은 사회화 과정에서 결정적인 역할을 한다.

부모 교육이 필요한 이유는 준비 없이 부모가 되어 겪는 혼란, 두려움, 시행착오를 최소화하고, 부모로서 신념과 안정감을 갖게 하기 위해서이다.

파인(Fine)은 '부모 교육은 미성숙한 인간인 부모가 아이를 이해하여 돕고, 필요한 정보와 기술 훈련, 자기 인식, 문제 해결 방법 등을 익혀서 잘 교육할 수 있도록 도와주며, 훌륭한 부모를 목표로 하여 아이를 이해하여 돕고 지도하는 데 필요한 지식, 능력, 태도 등을 익힐 수 있도록 부모를 도와주는 데 그 목적이 있다.'고 하였다.

기노트(Ginott)는 '부모 교육은 아이에게 효과적으로 반응할 수 있는 기술을 갖도록 하는 것이고, 부모가 아이에게 자신감을 길러주고 정서적·지적·사회적 발달에 개입하며 아이를 지도하고 개발시킬 수 있는 교육자로서 역할을 잘 수행하여 부모 자신이 안정감과 자신감을 갖게 하는 것이다.'라고 하였다.

책임감이 강한 부모 밑에서 자란 아이가 책임감 있는 아이로 자란다

부모라면 아이들에게 좋은 부모가 되기를 원한다. 그러나 모든 부모가 그렇게 되는 것은 아니다.

완벽한 부모는 아이에게 독선적이고 아이를 통제하며 과잉보호한다. 다른 사람의 생각에 민감하게 반응하며 아이에게 완전함을 요구한다. 맹목적으로 아이의 요구를 들어주고, 아이에게 필요 이상으로 몰두하며 조건을 붙이면서 행동한다. 그 결과 아이는 부정적인 자아상이 형성되면서 반항적이고 쉽게 분노하게 되며, 자율성이 결여된다. 따라서 사회적 관계를 잘 형성하지 못하고 남을 존중하지 않는 이기적인 사람이 될 수 있다.

책임감 있는 부모는 아이 스스로 모든 것을 결정하게 하고 격려한다. 아이를 동등한 인격체로 생각하여 존중하고, 독립심과 책임감을 길러주며, 인정하고 믿어준다. 그 결과 아이는 자신감과 책임감을 가지고 문제를 해결하며, 타인을 존중하고 신뢰하며 훌륭한 사회적 관계를 형성한다.

모든 부모에게는 아이가 이것만은 자신을 닮지 않았으면 하는 바람이 있을 것이다. 아이가 부모를 보고 배우지 않기를 바라는 것이 있다면 그것부터 고치도록 한다. 아이는 부모의 행동을 보고 배우면서 습관화해가며, 특히 어릴 때 보고 배운 것일수록 바꾸기가 힘들기 때문이다. 더욱이 아이 교육은 미뤄서도 안 되고 반드시 수행해야 하는 일생의 과제에 해당된다.

모든 부모는 아이가 건강하고 훌륭하게 성장하기를 바란다. '나만큼만 키워야지.' 하는 부모보다 '나보다는 더 나은 사람으로 키워야지.'라고 생각하는 부모가 훨씬 많다. 그러다보니 기대와 욕심으로 아이를 부모 중심으로 키우게 된다.

아이를 건강하고 훌륭하게 키우는 것은 부모의 사명이기도 하다. 그러나 현실을 보면 많은 부모들이 자신의 역할에 대해 교육을 받지 않은 채 아이를 지도하고 있다. 준비되어 있지 않은 부모가 아이에게 상처와 고통을 주게 되는 것을 우리는 인식하고 준비해야 한다.

아이를 양육한다는 것은 아이를 인격체로 성숙시킨다는 것이다. 그러나 준비되지 않은 부모가 많다보니 온갖 어려움과 시행착오를 거치면서 아이와 부모 모두가 상처받고 있다.

거의 모든 부모가 아이를 자신의 소유물로 착각하고 자신의 생각대로 혹은 기분에 따라 양육하고 있다. 아이를 자신의 분신으로 여기는 것은 강한 애착과 맹목적인 사랑을 불러일으키므로 바람직하지 않다.

아이의 발달 시기마다 부모의 역할도 달라져야 하므로, 아이의 발달과 양육에 관한 지식 습득이 절실하다. 부모가 될 준비가 되어 있느냐가 중요한 것이다.

바람직한 부모의 특징 중 하나는 사랑을 실행하고 전하여 아이가 느끼도록 하는 것인데, 진정한 사랑은 받는 사람에게 느껴진다고 한다. 좋은 부모는 기분, 상황, 장소, 시간과 상관없이 아이를 일관성 있게 사랑으로 대한다.

아이는 부모가 먼저 자신을 존중해야 부모를 존중할 줄 안다. 또한 부모가 진심으로 자신을 믿어준다고 느낄 때 존중 받는다고 느낀다.

책임감 있는 부모는 이해하고 수용하는 부모이지, 무조건적으로 순종을 강요하는 부모가 아니다. 또한 격려하고 아이의 잠재 능력을 개발하며 소질을 발견할 수 있는 민주적 태도를 가진 부모, 모범적 행동을 하며 자신감을 길러주는 부모, 합리적인 부모, 터놓고 대화하는 부모, 함께 놀아주는 부모이다. 그러나 통계를 보면 대화하는 부모가 많지 않다. 바람직한 대화는 서로를 즐겁고 행복하게 해준다.

바람직하지 않은 부모는 거부하는 부모, 야심적인 부모, 일관성 없는 부모, 권위적인 부모, 잔인한 부모, 말이 앞서는 부모, 과보호하는 부모, 감상적인 부모, 무책임한 부모, 무관심한 부모가 해당된다. 이러한 부모들은 다른 아이와 자신의 아이를 비교하면서부터 궁지에 빠지기 시작한다.

우리는 헬스, 수영, 요가, 피아노, 골프 등을 처음 배울 때 전문가의 도움을 받는다. 그런데 아이를 양육할 때는 어떠한가? 과연 전문적인 부모로서 아이를 양육하고 있다고 말할 수 있는가? 아이 교육이야말로 무엇보다도 전문가로서의 역할이 절실히 필요한 영역이다.

배우는 모든 것은 처음이 중요하다. 수영 하나를 배우더라도 처음부터 제대로 익히지 못하면 실력도 늘지 않고, 중간에 고치려면 잘못된 동작이 습관으로 굳어져서 더 많은 시간과 노력이 필요하다. 하물며 아이를 양육하는 일은 두말할 필요가 없다.

그러므로 부모들은 전문가의 도움을 받은 후 아이 교육을 시작해야 한다. 고여 있는 물이 오염되어 있다면 깨끗한 물을 더 많이 넣어야 정화할 수 있다. 오염된 만큼 넣어야 할 깨끗한 물의 양도 비례한다. 이미 휘어진 나무를 바로잡는 것은 어렵다. 아이 양육도 이와 같아서 시작이 중요하다. 차츰 굳어진 잘못된 생각과 행동은 이미 습관화가 되었으므로, 고치기 위해 더 많은 노력이 필요하다. 아이가 나이가 많을수록 부모의 노력은 배가되기 마련이다. 그렇다고 포기할 수는 없지 않는가?

모범적인 부모가 되는 교육을 받고 충분한 자질을 갖춘 후 아이를 낳는다면 아이를 양육하는 동안 실수를 줄일 수 있어 아이와의 관계가 원만해질 수 있다. 그러나 전혀 준비되지 않은 상태로 부모가 된 후에야 부모의 역할에 대해 공부한다면 아이의 연령에 비례하여 해야 할 노력도 많아질 것이다.

아이가 처음 태어났을 때를 하얀 백지 상태로 비유한다면 아이의 나이에 따라 그림이 달라질 것이다. 스케치만 한 아이도 있을 것이고, 색깔을 칠한 아이도 있을 것이다.

잘못된 그림은 지우기도 힘들지만, 지워도 흔적이 남을 수 있다. 그동안 아이와 지냈던 시간들을 생각해보고 지금 이 시간부터는 달라지겠다고 다짐하자. 그리고 부모로서의 역할도 학습과 훈련을 거쳐 습득하자.

부모는 아이에게
리더이자 코치가 되라

 부모는 아이에게 리더이자 코치이어야 한다.

부모는 리더로서 아이에게 항상 말과 행동이 일치해야 하며, 무조건적으로 지시하고 통제해서는 안 된다. 진정한 리더는 자신을 신뢰하며 따라오게 하는 흡인력이 있어야 한다.

또한 부모는 코치로서 아이의 이야기를 적극적으로 경청해주고, 아이를 인정해주며, 질책하기보다는 아이의 장점을 찾아내어 칭찬해주어야 한다. 아이 스스로 탐색할 수 있도록 적절한 질문을 던지며, 아이와 대화가 잘 될 수 있도록 해야 한다.

부모는 아이가 자신의 목표를 달성할 수 있도록 촉진제 역할을 하며, 아이 스스로 문제점을 찾아 처리할 수 있도록 지켜보면서 아이의 특성에 맞게 전략과 해결책을 제시해주면 된다. 아이의 잠재력을 이끌어내어 최고의 성과를 낼 수 있도록 도와주는 것은 부모가 해야 할 가장 큰 역할 중 하나이다.

부모와 아이의 관계는 서로 존중할 수 있는 수평적인 협력 관계여야 한다. 통제하고 지시하기보다는 아이와 부모가 파트너십을 이용하여 상호의존하고, 서로 의견을 조율하여 이해하고 합의를 이끌어내야 한다.

부모는 아이를 신뢰하고 아이가 능력을 발휘할 수 있도록 많은 것을 배우며 느끼게 해야 한다. 또한 아이의 이야기에 귀 기울이며 아이의 생각을 존중해준다.

아이는 부모에게 자극을 받고 반응하기 때문에 아이를 이상적으로 양육하려면 부모 자신이 먼저 모범을 보여야 한다. 말로만 할 것이 아니라 행동으로 실천하는 모범을 보이면 아이는 부모를 따라오기 마련이다. 부모의 무지가 얼마나 아이들에게 흔적을 크게 남기는지는 경험해본 사람이라면 다 공감을 할 것이다. 부모가 무지하면 부모와 아이가 모두 상처를 받게 된다.

좋은 부모가 되겠다고 다짐하지만, 아이는 어김없이 부모의 다짐을 무너지게 한다. 예를 들어, 떼를 쓰고 물을 쏟으며 방을 엉망으로 만드는 등 끊임없이 사건을 저지른다. 이때 부모도 자신이 기분이 좋을 때와 나쁠 때 아이에게 대응하는 태도가 달라진다. 기분이 좋을 때는 아이가 똑같은 행동을 해도 묵인하고 대수롭지 않게 넘어가지만, 기분이 좋지 않을 때는 필요 이상으로 화를 내고 자신의 행동을 통제하지 못한다.

　그러나 어린 아이를 둔 부모는 의식적으로라도 일관성 있게 행동해야 한다. 아이의 행동에 반응하기 전에 한 번 더 생각하여 일관성을 유지해야 한다. '이 행동을 하고 나서 후회하지 않을 자신이 있는가?' 하고 반문해 본 다음, 한 번 심호흡을 하거나 물 한 잔을 먹고 나서 생각을 정리하면 그동안 감정이 순화되어 이성적인 대응을 할 수 있다. 물론 이것은 처음에는 쉽지 않다.

　모든 것은 습관이다. 훈련을 하다보면 점점 이렇게 하는 자신의 모습을 발견할 수 있다. 이러한 부모의 모습을 아이는 닮아간다. 아이가 하는 행동을 보면 부모 자신의 행동을 미루어 짐작할 수 있다. 특히 큰아이가 작은 아이한테 하는 행동을 보면 부모의 모습을 그대로 볼 수 있다. 물론, 필자도 예전에는 반성할 것들로 가득했다. 지금은 한 번 더 생각하고 행동하지만, 아직도 아이들에게 미안할 때가 종종 있다.

　아이를 기르는 것은 연습이 없다. 아이에게 잘못한 것은 이미 쏟아진 물과 같다. 지나간 잘못은 깨닫고 아이가 덜 상처받도록 추스르는 길밖에 없다. 그보다 부모가 되는 준비를 잘 하여 상처받는 일을 처음부터 만들지 않는 것보다 더 좋은 일은 없을 것이다.

　아이의 가치관이나 태도, 생활양식 등도 유아기에서 아동기 때까지 형성된다. 가정은 아이에게 가장 중요한 사회화의 주체이고 인생의 출발점이다.

　아이는 부모에게 자극을 받으면서 느끼고 생각하고 반응을 하게 된다. 표정은 모든 것을 느낄 수 있게 해준다. 부모의 말과 행동이 일치되는가를 보면서 아이는 점차적으로 반응해 간다. "나는 못 하고 안 하지만 너는 올바르게 시키는 대로 하라."고 하면 부모가 바라는 이상적인 영향력을 아이에게 미칠 수 없다.

아이는 부모의 자아실현을 충족시켜주는 대상이 아니다. 부모 자신이 이상적이라고 생각하는 가치관에 아이를 접목하려 한다면 아이가 얼마나 압박감을 느끼겠는가? 부모는 아이와 자신이 무엇에 가치를 두고 있는가를 심각하게 고민해보아야 한다.

아이를 자기 삶의 주인공으로 인정하라

부모의 역할은 아이를 하나의 독립된 인격체로 존중하는 것에서부터 시작된다. 아이는 나와 다른 한 사람의 인격체이며, 자신의 생각이 있는 개체이므로, 부모의 마음대로 해서는 안 된다.

그러나 많은 부모들의 모습은 아이에게 어떻게 그려지고 있는가? 권위적이고, 과잉보호하며, 때로는 방치하고, 윽박지르며 때리거나 욕하고, 주변인과 비교하며, 신경질적으로 소리를 지르는 모습은 아닐까? 공부를 강요하고, 약속도 지키지 않으며, 공중도덕을 무시하고 위반하며, 텔레비전에 열중하는 모습은 아닐까?

부모는 아이에게도 손님을 대하듯이 어느 정도 거리를 두어야 한다. 아이와의 관계도 다른 인간관계에 적용되는 원리와 같다고 생각해야 한다. 모든 것을 자신의 마음대로 하려 한다면 정상적인 인간 관계가 유지될 수 없다. 부모가 아이에게 하듯이 주변 사람들에게 마음대로 행동한다면 그들은 하나, 둘 떠나갈 것이다.

아이는 부모의 소유물이 아니며, 아이의 성취가 부모의 성취는 아니다. 부모는 자신과 아이를 분리해서 생각해야 한다. 부모의 역할은 아이의 성장과 성취를 지켜보고 지원해주는 것일 뿐이다.

사랑이라는 미명 아래 부모가 아이의 모든 행동을 통제하고 지시하며 과잉보호한다면 그 아이는 위기에 직면할 때 문제 상황을 극복하지 못하게 된다. 과잉보호와 과잉기대는 아이를 하나의 인격체로 생각하지 않고 자신과 하나라고 여기는 데서 시작된다.

아이를 잘 기르려면 무엇보다 부모가 정신적·육체적으로 건강해야 한다. 아이가 유아기일 때는 부모가 강압적일지라도 따라주겠지만, 아이가 성장함에 따라 갈등이 시작될 것이다. 아이가 잘할 수 있는 것, 하고 싶어 하는 것이 무엇인지 같이 생각하고, 아이의 능력에 따라 성장을 도와주는 것이 부모가 해야 할 역할이다. 아이가 가장 잘 할 수 있고 좋아하는 일을 하면서 살아갈 수 있게 하는 것이 부모가 무엇보다 신경 써야 할 부분이다.

그러므로 부모는 아이가 좋아하고 잘하는 것을 찾아주고, 아이의 재능이 직업으로 연결될 수 있게 물꼬를 터주어야 한다. 자신이 이루지 못한 것을 아이들에게 강요해서는 안 된다. 다만, 아이의 내재된 소질과 능력을 찾아서 극대화해주어야 한다. 이를 위해 아이가 자신의 인생을 설계하고 책임지도록 대화와 행동으로 이끌어주어야 한다. 그 후에 할 일은 아이의 긍정적인 자아상이 침해받지 않고 자신감이 없어지지 않도록, 또한 세상에 대한 신뢰감을 잃지 않도록 지켜주면서 아이 스스로 인생의 비전을 수립하고 목표를 확립하여 행동하도록 지켜보는 것 뿐이다.

부모의 자아존중감은
아이에게 전달된다

　　부모는 바람직한 인품을 갖추고, 자아존중감을 높이며, 합리적인 사고를 해야 한다. 정서적으로 안정되고 성숙한 부모의 인격이 아이의 전인격적인 발달에 도움을 주기 때문이다. 가정은 인간성이 형성되는 기본적인 환경이다. 가정의 중심인 부모 자신의 자아존중감을 높이는 것은 자신뿐 아니라 아이에게도 많은 영향력을 끼친다.

　　부모의 자아존중감은 자녀 양육 방식에 영향력을 준다. 부모 자신은 행복하지 않지만, 아이만큼은 행복하게 키우겠다는 다짐은 하지 말자. 부모가 행복하여야 아이도 행복감을 느낄 수 있다.

　　자아상은 자신의 역할이나 존재에 대하여 가지는 생각을 말한다.

건강한 자아상을 가진 사람은 자신뿐 아니라 다른 사람을 왜곡하지 않고 있는 그대로 바라볼 수 있으며, 위기 상황이 닥쳐도 굴하지 않고 극복하는 힘이 있다.

자존감은 자신의 존재에 대한 자신감을 말하는데, 이것은 이기심과는 다르다. 자존감이 높을수록 자신을 자랑스럽게 생각하고 사랑한다.

부모의 자아상, 자존감은 아이에게 그대로 전달된다. 닮지 말았으면 하는 부모의 열등감, 좌절감, 분노, 비교 의식, 두려움 등도 아이에게 그대로 영향력을 행사한다.

상처가 많은 부모는 먼저 자신을 건강한 모습으로 치유해야 한다. 가정이 화목하고 가족원이 서로를 인정하고 존중하며 칭찬할 때 사랑과 안정에 대한 욕구가 아이에게 충족된다.

부모의 자존감 정도는 아이의 행복 수준을 결정한다. 부모가 자존감이 낮으면 부모 자신에 대해 소홀해지고 자신의 능력이 부족함을 자책하며, 아이에게 요구사항과 잔소리가 많아진다. 자신에 대한 아쉬움이 잔소리와 간섭으로 아이에게 이어진다.

아이에 대한 따뜻한 애정 표현, 일관성 있는 훈육, 아이를 인정해 주는 양육 방식은 아이를 자아존중감이 높은 사람으로 성장할 수 있게 한다. 자존감은 정서적·사회적으로 영향력을 미치며, 학업 발달과도 밀접한 관련이 있다. 자존감이 낮은 채로 자라는 아이는 자신을 비하하게 된다.

어린 시절 기쁨과 행복을 얼마나 만끽하며 살아왔는지는 성격 형성에도 영향을 준다. 자존감이 높아서 '나는 사랑받고 있으며, 소중하고, 능력 있는 사람이야.' 라고 생각하는 이도 있지만, 자존감이 낮아서 자신을 하찮고 쓸모없는 존재라고 생각하며 '나 같은 게 뭘 제대로 하겠어.' 하며 비하하는 사람도 있다.

자존감이 낮은 아이는 지나치게 말이 없거나 수줍어하며 새로운 환경에 적응하지도 못한다. 실패를 두려워하며, 작은 일에도 화를 내고, 신경질적이며, 공격적인 행동을 한다. 자신의 잘못은 인정하지 않고, 남을 비난하고 인정하지 않기 때문에 칭찬에 인색하다. 남의 생각과 행동을 인정하지 않는 부모를 보고 자란 아이 역시 타인의 생각과 행동을 부모처럼 인정하지 않는다. 뿐만 아니라 다른 사람의 칭찬이나 애정 표현을 그대로 받아들이지 않고 왜곡한다. 이것은 성인이 되어서도 습관적으로 나타나기 때문에 사회생활에 나쁜 영향을 미치게 된다.

그러나 자신의 생각을 인정받으며 자란 아이는 자신이 소중한 만큼 다른 사람의 생각도 소중하다고 인정하며 신뢰한다. 다른 사람도 인정할 줄 아는 아이로 키우려면 무조건 '그건 아니다.' 가 아니라 '그럴 수도 있겠네.' 라고 인정하는 부모의 자세가 중요하다. 행복한 부모 밑에서 자란 아이는 자신뿐 아니라 남까지 사랑할 줄 알며, 삶에 대한 사랑도 높다.

자존감은 인격의 핵심이고, 아이의 능력을 결정하는 요소이다. 거듭 말하지만, 부모가 자신에 대한 자아존중감이 높아야 아이도 자아존중감이 높은 사람으로 자란다.

아이에 대한 부모의 믿음이 강할수록 아이의 성공은 배가된다

부모는 아이가 자신에 대한 적극적인 기대를 가지고 인생을 설계하게 해야 한다. 우리가 인생에서 얻는 것은 사실 따지고 보면 대부분이 자신이 기대하는 것이다.

심리학자 J. B 라인 박사는 '당신이 받아들이는 운은 당신 스스로 결정짓는 것이다.' 라고 했다. 이것은 우리 모두 스스로 자신의 운명을 만들고 있다는 의미이다.

아이에 대한 부모의 기대감은 의식적이든, 무의식적이든 아이의 사고에 영향을 미친다. 아이를 인정해주면 아이에게 잠재되어 있던 무한한 가능성에 날개를 달 수 있다.

우리 뇌는 자신이 생각하는 대로 에너지를 만든다고 한다. 부정적인 이야기를 들으면 뇌가 긴장하고, 스트레스 호르몬을 생성한다.

부정적인 이야기를 계속 들으면 그 내용이 잠재의식 속에 존재하게 되고, 언젠가는 그대로 이루어지게 된다. 그러므로 성공에 대한 적극적이며 긍정적인 기대를 부모가 심어주어야 한다. 아이의 태도는 부모의 기대로부터 가장 먼저 형성된다. 오랫동안 지속된 기대감은 사고에 영향을 미치고, 사고는 행동에 영향을 미친다.

1962년 노벨문학상을 수상한 작가 존 스타인벡(John Ernst Steinbeck)이 말했다.

"위대한 일을 하리라는 기대를 받을 때 위대함을 발휘하는 것이 인간의 본성이다."

부정적 기대는 문제 행동을 일으킨다. 심리학자들은 기대에 부응하는 행동을 하는 것이 인간의 본성이라 말하고 있다. 또한 어떻게 행동하리라는 주위의 예언은 행위자에게 영향을 주어 결국 그렇게 되도록 만든다고 한다. 즉, 주변 사람들이 생각하는 대로 된다는 것이다.

이러한 것을 생각할 때, 무심코 내뱉는 부정적인 말이 씨가 되어 열매가 될 수 있으므로 말을 가려서 해야 한다. 긍정적인 말과 칭찬으로 격려하면 아이가 용기와 자신감을 얻어 인생을 밝게 설계할 것이다.

솔로몬 왕은 '자신이 생각한 것이 바로 자신이다.' 라 했고, 로마 황제이며 철학자인 마르쿠스 아우렐리우스는 '인간의 삶은 그의 생각이 만든 것' 이라고 했다. 이는 자신이 생각하는 대로 인생을 연출한다는 의미이다. 생각의 씨앗은 삶으로 나타나고, 마음의 놀라운

힘은 성공하는 삶을 살게 해준다.

많은 사람들이 반론을 제기한다. 인생이 생각한 대로 된다면 성공하지 않는 사람이 어디에 있겠느냐고. 또한 성공한다고 생각하면 실제로 성공한다고 하는 것은 이론에 지나지 않는다고. 이러한 말을 내뱉는 순간 그에게는 부정적인 기대감이 생긴다. 진심으로 믿지도 않고, 그 기대에 부응하려는 행동도 하지 않기 때문이다.

사고는 행동에 영향을 미치게 마련이다. 기대의 위력은 오랜 세월 검증되고 있다. 부모가 아이의 능력을 믿어주고 칭찬을 아끼지 않으며, 꿈을 이루도록 격려하고 잠재력을 찾아준다면 아이의 인생은 달라질 것이다.

부모는 아이에게 "너에게 기대하고 있으며, 너를 믿고 있다."는 것을 알려주어야 한다. 다만, 아이를 지나치게 과대평가해서는 안 된다. 모든 부모가 아이에게 거는 기대가 크지만, 부모의 기대가 지나치면 아이를 힘들게 한다. 지나친 기대는 아이에게 심리적으로 부담감을 주어 오히려 욕구 불만을 일으키기도 한다.

칭찬으로 자아존중감이 높은
아이로 자라게 하라

아이에게 칭찬이 인색한 부모가 있다. 그러한 부모의 대부분은 아이가 자만해지거나 혹은 더 잘하라는 의미로 그렇게 한다고 한다. 그러나 적절하지 않은 칭찬이 문제이지, 적절한 칭찬은 자아존중감을 높여준다.

"넌 마음에 드는 구석이 하나도 없다, 노는 것만큼만 공부 좀 해라."라고 멸시하고 야유를 보내면 아이는 "저는 잘하는 것이 하나도 없어요."라며 자신을 비하한다. 유아기에 부모로부터 칭찬, 격려, 지지와 사랑을 많이 받으면 긍정적인 자아상이 형성된다. 주변 사람들이 자신을 소중하게 여긴다고 생각하면 자신을 바라보는 관점이 긍정적이 된다. 반대로 질타를 계속 받거나 사랑받는 느낌을 갖지 못하면 열등감과 자기 멸시감에 빠져 들기 쉽다.

칭찬을 들으면 자신감이 생기고, 도파민이라는 호르몬이 생성되어 "다음에는 더 잘해야지."하는 결심도 하게 된다. 아이가 무엇을 잘못할 때 "너는 어제도 그렇고, 오늘도 도대체 잘한 것은 찾아 볼 수가 없다. 너가 그렇지 뭐."하며 기를 팍팍 죽이거나 인격을 모독하거나 비난하면 잠시 동안은 속이 후련할지 몰라도 이내 후회가 밀려온다. 부모가 감정을 자제하지 못하고 통제력을 잃고 공격적으로 대응하면 아이는 그 모습 그대로 닮는다. 그러므로 아이에게 긍정적인 표현을 하자.

자아존중감은 자신의 특성, 능력, 행동에 대해 자신이 부여하는 가치를 말한다. 자아개념은 자신이 하는 역할 속에서 여러 타인과 상호 작용을 하며 역동적으로 나타나는 결과물이다. 자아개념은 타인과의 관계를 결정짓는 기본이 된다. 자신에 대한 긍정적인 사고는 타인을 당당하고 자신 있게 대할 수 있게 하고, 자신에 대한 부정적인 사고는 소극적인 인간관계의 원인이 된다.

자아개념은 태어날 때 주어지는 것이 아니라 환경에 따라 변해간다. 부모는 아이가 자아개념과 자신에 대한 이미지를 형성하는 데 큰 영향을 미친다.

로젠버그가 미국에서 청소년들이 가지고 있는 자아상에 대해 조사한 바에 의하면, 자아존중감이 낮은 청소년들은 우울함과 불안 증세를 보이는 경우가 많았으며, 학업 성취도도 낮았다. 또한 자신은 능력이 부족하다고 스스로 비하했으며, 자신이 정해놓은 목표 이상의 도전을 하지 않았다.

반면, 자아존중감이 높은 청소년들은 자신을 믿고, 자신에 차 있었으며, 목표를 향해 인내할 줄 알고, 자기를 계발하여 다른 사람에게 지속적인 인정을 받았다. 이렇게 스스로 만들어 낸 이미지는 강한 신념과 자신감을 갖게 하고, 학업에도 좋은 영향을 미쳤다.

자기 비하에 빠진 사람들은 스스로 가치 없고, 능력도 없으며, 보잘 것 없는 사람이라고 생각한다. 아이의 자아개념과 자아존중감은 스스로 도달하려는 성취 수준과 행동에 중요한 영향을 미친다.

자아에 대한 소중한 인식은 주변인에게 인정받는 데서 시작된다. 부모의 긍정적 기대 속에 자란 아이들은 자아존중감이 높고, 자신이 무엇인가를 성공할 수 있는 능력이 있다고 믿어 자신감 역시 높다. 적절한 칭찬으로 아이의 자아존중감을 높여주자.

아이는 부모가
기대하는 대로 자란다

성공을 기대하지 않는 사람은 성공할 수 없다. 긍정적으로 자신에게 기대하면 긍정적인 일이 일어나고, 부정적으로 자신을 생각하면 부정적인 일이 일어난다. 성공과 실패 여부는 자신에 대한 기대감에서 비롯된다.

성공하는 사람이 되려면 무엇보다 자신에 대한 믿음, 그리고 사물을 바라보는 긍정적인 마음이 있어야 한다. 심리학자들은 말하기를, '자신을 낮게 평가하여 능력이 없다고 생각하면 다른 사람들도 그렇게 생각하고, 그들이 기대하는 대로 능력 없는 사람이 된다.'고 한다.

아이는 부모가 기대하는 대로 자란다. 부모가 아이의 잠재력을 믿고 지원하면 그렇게 생각한 대로 된다. 부모는 자신의 생각을 강요하지 말고, 아이의 능력과 소질을 개발시켜주고 믿어주면 된다. 부모의 긍정적인 기대를 받으며 자란 아이들은 자아존중감과 성공할 수 있다는 자신감을 갖게 된다.

사람은 외적인 환경의 영향을 받고 자란다. 가정이라는 환경은 아이의 삶 가운데 가장 강력한 영향을 미치며, 강렬한 이미지로 자리 잡는다. 부모의 영향력은 대단히 커서 부모가 어떤 모습을 보여주느냐에 따라 아이의 모습도 달라진다.

아이들은 가장 가까운 부모에게 인정받고 싶어 한다. 부모에게도 인정받지 못하는 아이가 어떻게 사회에서 인정받겠는가?

아이가 과거에 잘못한 것을 끄집어내어 현재에 잘한 것을 깎아내리는 행동은 버려야 한다. "넌 참 소심하다."라고 지적하기보다는 "넌 매사에 신중해서 네가 하는 일은 믿음이 간다."라고 말하는 것이 좋고, "잠시도 가만히 있지를 않는구나. 집중력이라고는 찾아볼 수가 없고, 어쩜 그렇게 산만하니?"라고 하는 것보다 "넌 다방면에 재주가 많고, 창의적이며, 에너지가 풍부한 아이구나."라고 하는 것이 바람직하다.

현명한 부모는 아이가 가지고 있는 장점을 발견하여 기대감을 갖고 적극적인 관심을 표현하고 지원한다. 꾸지람, 혹은 벌보다는 잘하는 것을 칭찬해주는 긍정적인 강화를 한다. 긍정적 강화는 아이가 계속 칭찬받는 행동만 하게 한다.

아이를 능력 있는 존재로 기대하면서 대하면 아이의 능력이 신장되고, 반대로 능력 있는 존재로 인정해주지 않으면서 기대만 한다면 긍정적 효과가 나타나지 않는다고 한다. 사랑하는 아이의 삶이 바로 부모의 기대감에 따라 바뀔 수 있다.

인생을 긍정적으로 보는가, 부정적으로 보는가도 사고 습관이다. 습관이란 몸에 배여 있어 자동적으로 하게 되는 것을 말한다.

부모는 아이가 긍정적 자아개념을 형성하느냐, 부정적 자아개념을 형성하느냐에 가장 큰 영향을 미친다. 무의식 속에 가졌던 신념은 반드시 현실로 나타난다. 부모와 아이가 모두 행복한 인생을 살려면 좋은 결과를 상상하고 긍정적인 신념을 가져야 한다.

사람의 마음은 자석과 같아서 생각하는 것을 끌어당기는 힘이 있다. 물리적인 세계에서 작용하는 자기력의 법칙이 보이지 않는 차원에서도 똑같이 작용하는 것이다.

원하는 것에 집중하자. 긍정적인 기대는 자신에 대한 신뢰에서 싹튼다. 긍정적인 기대감을 갖고 있는 사람은 자기 불신과 불안에 사로잡혀 있는 사람들과 확연히 구분된다. 자기 확신이야말로 자신의 능력이 된다. 긍정적인 사고는 어린 시절부터 형성되어 누적된다. 부모라 할지라도 긍정적인 사고를 하는 데 익숙하지 않다면 지금부터 의도적으로 훈련하여 습관화해야 한다.

경영학의 대가 톰피터스는 태도가 그 사람의 모든 것이라고 했다. 부정적인 말을 계속 듣고 자란 아이는 실패할 가능성을 먼저 생각하게 된다. 성장하여서도 부정적인 사고를 먼저 하는 경향이 있다. 일이 발생하면 '왜 그렇게 되었을까?' 보다는 '왜 그렇게 안 될까?' 로 생각한다.

사람들은 긍정적인 것보다는 부정적인 것을 잘 기억한다. 낮은 자존감은 성장 시 불행한 과거 경험이 원인이 되는 경우가 많다. 아이로 하여금 긍정적인 사고로 자존감을 높이게 하자.

자신의 능력을 신뢰하고 자신을 칭찬할 줄 아는 습관은 어린 시절 부모의 영향으로 형성된다. 에머슨은 '운명을 바꾸려면 자신의 생각부터 다스려야 한다.'고 했다.

아이가 성공하기 바란다면 부모부터 아이에 대한 부정적인 생각을 버리고 긍정적인 기대를 하라. 아이는 부모가 기대하는 대로 자란다.

아이가 부모에게 매우 소중한 존재임을 알게 하라

항상 힘들게 하는 아이를 둔 엄마가 있었는데, 어느 날 아이를 보면서 "난 너의 엄마라는 사실이 너무 행복해."라고 했더니, 아이가 의아한 눈빛으로 자신을 바라보았다고 한다. 물론 그 아이도 알고 있다. 자신이 엄마를 행복하게 하지 않게 했다는 것, 엄마가 자신 때문에 힘들어 한다는 것을.

그런데 아이가 엄마의 눈빛을 보니 정말 행복한 것 같았나 보다. 며칠 후 아이가 엄마한테 와서 "엄마, 행복하게 해드릴게요."라고 했다고 한다.

필자는 그 엄마에게 수업 중에 처방 내리기를, 재활원에 가서 봉사를 하고 와서 아이를 바라보라고 했다. 필자의 조언을 따라 재활원을 다녀온 엄마는 아이가 말썽부리는 것, 공부 못 하는 것은 아무런 문제가 되지 않았다고 한다. 아이가 말썽을 부리는 것도 건강해서 그런 것이니 오히려 감사했다고 한다. 그래서 그 순간 엄마는 진심으로 아이 손을 잡고 행복하다고 말할 수 있었고, 그 눈빛만큼은 아이에게 정말 행복하다는 느낌을 주었을 것이다.

그런데 이러한 약효가 하루 이상 가지 않는 것이 문제이다. 아이의 성적 등과 같은 문제로 다시 아이와 신경전을 벌이는 현실로 돌아오곤 한다. 엄마가 아이를 못마땅하다는 눈빛으로 바라보거나, "내가 너 때문에 정말 미치겠어."라고 하면 그 마음이 그대로 아이에게 전해져서 아이도 알게 된다.

많은 부모들이 잠시 이성을 잃어버리는 순간 아이에게 부정적인 기대를 하게 된다. 그러면 아이는 부모의 부정적인 기대에도 부응하기 위해 좋지 않은 행동을 하게 된다.

임신하였을 때, 아이가 품에 안겨서 처음 나와 눈이 마주쳤을 때를 생각해보자. 초롱초롱한 눈망울이 가슴 저리도록 사랑스럽지 않았는가.

그런데 아이에게 고집이 생기기 시작하면서 부모와 마찰하고, 서로 상처를 주게 된다. 그 이유는 아마도 각자가 서로에게 다른 기대를 하고 있기 때문일 것이다.

많은 부모들이 행복하다고 느낄 때는 자신들의 기대를 아이가 충족시켜줄 때일 것이다. 그렇다면 아이도 마찬가지일 것이다. 인간관계는 상대적이기 때문이다.

부모는 아이와 자신이 정말 행복해지기를 기대한다. 물론 아이가 엄마가 생각하는 이상형으로 커준다면 항상 사랑이 넘치는 눈으로 아이를 바라볼 것이고, 행복한 마음으로 미소를 보낼 것이다. 그러면 아이는 기대하는 대로 더욱 이상형으로 자란다. 긍정적 기대에 계속부응하기 때문이다.

말썽을 부리거나 자신의 기대에 따라주지 않는 아이를 보고 부모가 마냥 행복할 수는 없다. 아이를 바라보는 눈빛도 고울 리가 없다. 말로 내뱉지는 않을지라도 부모의 생각 속에 부정적인 기대가 있게 된다. 그러다 어느 순간 불쑥 부정적인 생각이 말로 나오게 된다.

아이도 느끼고 생각한다. 부모가 자신에게는 별로 기대하지 않고 있다는 것을. 그래서 부모의 부정적인 기대에 부응을 해주며, 점점 문제 있는 아이로 성장한다.

부모의 긍정적 기대감 속에서 자란 아이들은 자아존중감이 높아지고, 무엇이든 성공할 수 있다는 자신감을 갖게 되며, 사물을 바라보는 시각 또한 긍정적이 된다.

모든 것은 바라보는 시각과 관점에 따라 달라진다. 아이가 하고 있는 행동이 똑같더라도 아이를 바라보는 부모의 눈빛은 마음먹기에 따라 달라질 수 있다. "행복하면 다 웃는다. 그러나 웃기 때문에 행복해진다."는 말도 있지 않은가? 물론 항상 행복해지려면 지속적인 노력이 필요할 것이다.

어떤 엄마는 자기 아이가 괜찮은 아이라고 믿으니 아이가 가지고 있는 숨은 자질까지 찾아낼 수 있었다고 한다. 부모가 바라보는 관점은 부모가 기대하는 쪽으로 치우치게 될 것이다.

그러나 아이가 자신에게 기대하는 것은 부모와 다를 수도 있다.

아이도 하나의 인격체이다. 부모는 자신의 관점에 아이를 맞추려고 해서는 안 된다.

사람은 자신의 잠재력을 인정해줄수록 자신의 가능성에 대해 상상해보고 기대하여 좋은 성과를 만들어낸다. 이것은 배우자, 아이, 주변인들에게도 똑같이 해당한다.

괴테가 말하기를, '현재의 모습 그대로 상대방을 대해주면 그 사람은 현재의 모습대로 머물 것이다. 상대방의 잠재 능력 그대로 대해주면 그는 그대로 성취해 낼 것이다.' 라고 했다.

우리가 인생에서 얻는 대부분은 바로 우리가 기대하는 것이 현실로 이루어진 것이다. 부모는 아이로 하여금 자신이 매우 소중한 존재임을 알게 하여 아이가 긍정적인 기대 속에서 많은 이에게 소중한 사람이 될 수 있게 해야 한다.

기대 메모로 아이에게
사랑하는 마음을 전달하라

필자가 하는 수업 중에는 부모가 자기 아이에게 기대 편지를 쓰는 시간이 있는데, 자신이 쓴 편지를 읽으면서 우는 엄마들이 간혹 있다. 그 모습을 지켜보면 자의식이 높은 엄마들일수록 쌓인 응어리가 많다는 것이 느껴진다. 자신이 정해놓은 규율 속에서 아이들을 키우다 보니 아이와 갈등이 많았는데, 자신의 마음을 열고 아이에게 속내를 드러내 보이는 시간을 얻자 감정이 복받쳐 울게 되는 것이다. 이야기를 나누다 보면 그들이 얼마나 아이를 사랑하고 있는지 아이가 느끼지 못하기 때문에 갈등이 더 심화된 것 같다.

자신에게 엄격한 부모일수록 아이에게 사랑의 표현을 절제한다. 아이들과 이야기를 나누다 보면 부모가 얼마나 자신들을 사랑하고 있는지 느끼지 못하고 있는 현실이 안타깝게 느껴진다.

이제부터는 사랑의 표현을 마음껏 하기 바란다. 사랑하면 사랑한다는 마음을 전해보자. '내가 너를 이렇게 많이 사랑하는데 알아주겠지?' 하지 말고, 사랑만큼은 이성의 제어를 받지 말고 감정이 하라는 대로 해보자.

쉬운 것 같지만, 막상 평소에 하지 않던 사랑의 표현을 하려고 하니 제대로 못 하는 부모들이 많다. 그렇다면 자신의 생각을 글로 써서 아이에게 전달해주자. 긴 문장을 쓰기 힘들면 메모지에 간단하게 작성해도 된다.

한 번도 안 해 본 일이라도 계속하면 프로가 될 수 있다. 밥 짓는 것도 처음에는 잘 못하더라도, 포기할 수 없는 일이기에 자꾸 하다 보면 잘 하게 되지 않는가. 아이들 걸음마도 포기했다면 아이가 걷지도 못하였을 것이지만, 계속 연습하게 하여 이제 뛸 수도 있지 않는가.

사랑도 연습이 필요하다. 연습을 지속하기 위한 도구로 기대 메모를 써보자. 몇 번 쓰다보면 자신의 마음을 잘 전달할 수 있을 것이다.

아이에 대한 기다림으로
성공에 대한 열쇠가 되어 주어라

부모가 아이에게 해줄 수 있는 역할은 아이의 삶을 성공하도록 도와주는 것이다. 자신이 바라는 것이 아닌, 아이에게 내재된 소질과 능력을 극대화하여 아이가 스스로 인생을 설계하고 책임지도록 대화와 행동으로 도와주는 일이다.

맛있는 밥을 먹으려면 밥이 다 되어도 금세 뚜껑을 열지 말고 뜸이 들기를 기다려야 하듯이, 아이를 훌륭하게 기르려면 부모에게도 기다림이 필요하다. 아이가 나쁜 짓을 해서 야단을 칠 상황이 벌어져도 조금씩만 뜸을 들인 후에 이야기하자. 밥을 지을 때마다 긍정적인 기대를 하면서 '내 아이 뜸들이기'를 조금만 생각해보자.

지극히 평범해 보이던 아이가 말 한 마디로 크게 분발해서 몰라보게 우수한 학생으로 변하는 경우가 있다. 관심과 기대감을 갖고 칭찬을 해주면 아이는 용기와 자신감을 얻고 분발한다. 심리학에서는 이러한 현상을 피그말리온 효과라고 한다.

피그말리온 효과란 누군가에 대해 깊이 믿고 기대하면 기대하는 대로 이루어지는 현상을 말한다. 그리스 신화에 나오는 피그말리온은 왕이자 뛰어난 조각가이다. 그는 상아로 여인상을 만들었는데, 그 여인상을 진심으로 사랑하게 되었다. 피그말리온은 여신 아프로디테에게 여인상에게 생명을 주어 아내로 삼게 해달라고 간청했다. 그리고 집으로 돌아와보니, 상

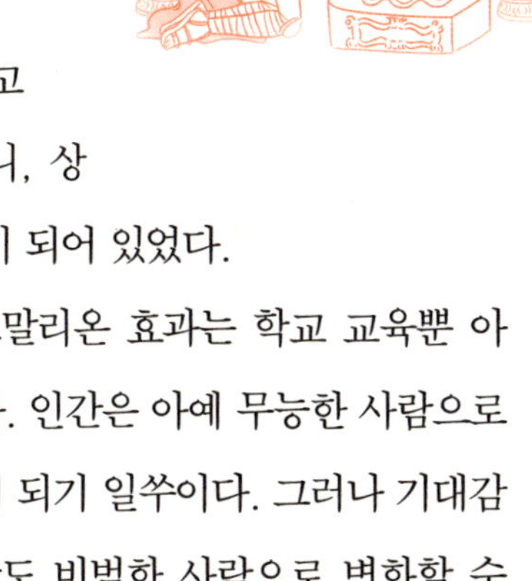

아로 만든 조각상이 생명 있는 여인이 되어 있었다.

기대가 현실로 이루어진다는 피그말리온 효과는 학교 교육뿐 아니라 직장의 인재 관리에도 응용된다. 인간은 아예 무능한 사람으로 치부해 버리면 실제로 무능한 사람이 되기 일쑤이다. 그러나 기대감을 가지고 자극을 주면 평범한 사람도 비범한 사람으로 변화할 수 있다. 피그말리온 효과는 기대가 얼마나 위대한 힘을 발휘하는지를 말해준다.

의사들은 환자의 병이 일반적인 경과에 따라 치유되는 것이 아니라, 환자 자신의 기대에 따라 치유된다는 것을 알고 흥미로워한다. 인지 심리학자들은 마음속으로 무엇인가 일어나기를 기대하면 실제

로 그 일이 일어난다고 한다.

의학계에는 심리테스트용 가짜 약이 실제로 효과를 발휘한 실험 결과도 있다. 이러한 자기 충족 예언을 의학계에서는 플라시보 효과라고 한다.

가짜 약 실험에서 환자가 병이 나은 것은, 약을 먹었으니 병이 나을 것이라고 하는 기대와 안심 때문이지, 가짜 약의 성분 때문이 아니다. 이 외에도 밀가루를 위장 약이라 하고 환자에게 투약했더니, 병이 나았다는 실험 결과가 발표되기도 했다. 이 실험은 자기 최면과 암시 즉 심리적인 요인이 결과에 얼마나 큰 영향을 주는지를 말해준다.

플라시보 효과가 긍정적 기대의 것이라면, 반대 개념의 노시보 효과가 있다. 진짜 약을 처방해도 환자가 믿지 않는다면 효과가 없다는 것이다. 한 실험에 의하면, 가짜 약을 환자들에게 주면서 이 약은 부작용이 나타날 수 있으니 증상을 보이면 말을 하라고 했더니, 실험 대상이 된 많은 사람들이 실제로 통증을 호소했다고 한다.

위 두 실험에서 보더라도 사람의 생각이 얼마나 결과에 중요한 영향을 주는지 알 수 있다. '마음만 먹으면 못할 것이 없다, 말이 씨가 된다.'라는 기대 효과를 잘 표현한 우리말도 있다. 카네기는 '우리 인생은 우리의 생각에 의해서 만들어진 것이다.'라고 했으며, 대뇌학자들은 '뇌세포의 90% 이상이 말의 영향을 받는다.'고 하였다.

성공하기 위한 아이로
변화시키는 좋은 습관

생각의 씨앗은 열매를 맺는다. 봄에 씨앗을 뿌리지 않는다면 가을에 수확의 기쁨을 누릴 수 없듯이, 모든 것은 인과 관계로 이루어진다.

성공을 바란다면 성공할 수 있다는 생각부터 하자. 생각은 행동을 낳고, 행동이 쌓여 꿈꾸어 온 삶을 이루게 한다. 생각하는 습관이 미래를 결정한다. 자신이 꿈꾸는 행복한 삶을 원한다면 습관부터 바꿔야 한다.

우리가 매일 하는 행동의 90% 이상이 습관에서 나온다고 한다. 습관은 어린 시절부터 누적되어 형성된 것이다. 어린 시절은 부모의 영향을 가장 많이 받지만, 정체성이 생긴 후에는 오직 자신만이 자기 마음과 습관을 지배하게 된다.

세상에서 가장 강력한 접착제는 습관이다. 강력하게 붙어 있어 쉽게 떼어지지 않는다. 떼어내려고 하면 많은 노력이 필요하다. 한번 몸에 밴 습관은 평생 갈 수 있다. 어릴 때부터 길들여진 습관일수록 더욱 그렇다. 그러나 사람들은 자신에 대한 신뢰가 없고, 익숙한 것이 사라질 때 느끼는 두려움 때문에 습관을 고치려 하지 않는다.

사람들은 성장하면서 선호하는 행동을 계속 반복한다. 목표 의식이 뚜렷하다면 자신이 원하는 목표를 달성하기 위해 하기 싫은 행동을 참기도 하고 애써 하기도 한다. 그러는 과정 중에 어느 순간 습관이 만들어진다.

그렇다면 습관은 어떻게 만들어지는가? 사고 습관은 실험해보지 않고 형성된 반복적인 관념이고, 행동 습관은 경험에서 얻었던 만족을 다시 얻기 위해 반복하는 행동이다. 처음에는 사고 즉 생각하고 행동하지만, 동일한 행동이 반복되다 보면 사고하지 않아도 행동하게 된다.

바람직하지 않은 습관을 바꾸려면 많은 노력을 해야 한다. 별로 생활에 도움이 되지 않는 습관은 몸에 쉽게 길들여지는데, 좋은 습관은 좀처럼 길들여지지 않는다.

그러므로 자신이 하고 있는 행동에서 만족할 만한 것이 있는지 생각해보아야 한다. 만족할 만한 것이 있고 만족이 계속될 수 있다고 판단되면 삶의 비전과 목표를 달성할 수 있는지 생각해보아야 한다. 그것이 가능하다면 그 행동을 습관으로 지속해도 좋지만, 아니라면 바꾸어야 한다. 이미 익숙해져서 편안해진 습관들이 만족한 삶을 얻을 수 없게 한다면 과감하게 버리고, 새로운 습관을 만들어서 좋은 결과를 얻어내야만 한다.

아무 행동이나 습관으로 굳어지는 것을 막으려면 행동하기 전에 항상 생각부터 해보야 한다. 생각하고 행동하고, 또 생각하고 행동으로 옮기기란 쉽지 않다. 특히 성격이 급한 사람은 더욱 힘이 들 것이다. 그러나 그렇게 해서 삶의 질이 바뀔 수 있다면 노력해봐야 하지 않겠는가? 부모는 성공할 수 있는 좋은 습관을 아이가 어릴 때부터 길러주어야 한다.

부정적인 부모에게서
부정적인 아이가 자란다

심리학자 로저스는 '사람들의 문제는 스스로 타고난 가능성과 잠재력을 발휘하지 못하고 외적으로 부여된 가치 조건들에 맞추어 살려고 할 때 생겨난다.'고 하였다. 로저스의 말처럼 외적인 것에 영향을 받아 긍정적인 자기개념이 부정적으로 형성될 수도 있다. 예를 들면, '나는 사회에 불필요한 사람이다.' 라고 하는 자신에 대한 부정적인 생각, '나는 희망이 없다.'고 하는 앞날에 대한 부정적인 생각, '세상은 살기 힘든 곳이다.' 라고 하는 삶에 대한 부정적인 생각처럼 말이다.

부정적인 자기개념은 부정적 사고를 자동적으로 하게 한다. 아이가 성장하여 부정적인 생각들로 가득 차는 것은 부모의 영향이 가장 크므로 주의해야 한다.

성공을 기대하지 않는 사람은 성공할 수 없다. 긍정적으로 기대하면 긍정적인 일이 일어나고, 부정적으로 생각하면 부정적인 일이 일어난다.

성공과 실패 여부는 자신에 대한 기대감에서 비롯한다. 성공하는 사람이 되려면 무엇보다 자신에 대한 믿음, 그리고 사물을 바라보는 긍정적인 마음을 있어야 한다. 노력하면 무슨 일이든지 해낼 수 있다고 생각하는 것은 자긍심에서 비롯한다. 자신을 믿고 노력하면 자신의 능력과 미래에 대해 자긍심을 갖게 된다.

앞에서도 말했듯이 심리학자들은 자신을 낮게 평가하면 다른 사람들도 그렇게 대우하고, 결국 그들이 기대하는 대로 되고 만다고 한다. 그러므로 아이가 성장하며 자신을 긍정적인 존재로 인정할 수 있도록 부모가 아이를 인정해주어야 한다.

긍정적 자기개념은 타인의 칭찬과 인정을 통해 형성된다. 계속 부정적인 평가를 받으면 어느 사이 자기개념도 부정적이 된다.

자기 효능감을 갖고 있는 사람은 매사에 "나는 할 수 있다.", "나의 능력은 뛰어나다."와 같은 말을 한다. 자신은 성공하리라 기대하고 행동한다. 학교에서도 자기 효능감이 높은 아이가 성적이 우수하게 나왔다는 보고가 있다.

부정적인 생각은 부주의한 말 한 마디에서부터 시작될 수 있다. 부모가 긍정적인 기대의 말을 해주느냐, 부정적인 말을 하느냐에 따라 아이의 모습이 달라질 것이다. 아이는 부모의 기대에 부응해야 한다는 사명감을 갖고 생활할 것이기 때문이다.

　자기 효능감이 없는 사람은 새로운 일을 시도도 하지 않고, 불만스러운 부분을 변화하려 하지도 않는다. 어려서부터 부정적인 자아상이 성립되면 자기 효능감도 없어진다.

　부모의 말 한마디가 아이의 미래를 망쳐 버릴 수도 있다. 무심코 내뱉는 상처주는 말이 상처받고, 자존감이 낮으며, 도전 정신이 없는 무기력한 아이를 만든다.

　말과 행동은 물론 생각하는 것에 이르기까지 부모의 모든 습관이 아이에게 전해지고, 어린 시절 형성된 습관이 평생 지속된다는 사실을 생각하여 부모 자신부터 습관 관리표를 만들어 좋은 습관을 만들자. 그리하여 아이가 부모의 좋은 습관을 저절로 보고 배우게 하자. 부정적인 부모 밑에서 부정적인 아이가 자라고 성공하는 습관을 지닌 부모 밑에서 성공하는 아이가 자란다.

성공 습관 만들기(예)

(아이용)

전 꼭 저와의 약속을 지킵니다

목표 :　**1_** 책을 10쪽씩 읽기

　　　　2_ 아침에 일어나면 반갑게 인사하기

　　　　3_ 오늘 배운 내용 복습하기

목표	월	화	수	목	금	토	일
1	○	○	×	○	×	○	○
2	×	○	×	○	○	○	○
3	○	×	○	○	×	×	○

✽ **나와의 약속을 지키면** ___________________________

____

✽ **약속을 지키지 않으면** ___________________________

____

엄마 〔　　　　　〕 아이 〔　　　　　〕

★ 목표란에 내용을 적고 월, 화, 수, 목, 금, 토, 일 칸에 실행 여부를 ○, ×로 표시한다.

★ 〔　　　　〕은 사인난이다. 이런 행동을 통해 약속의 의미를 다시 한번 생각하게 된다.

성공 습관 만들기

(아이용)

전 꼭 저와의 약속을 지킵니다

목표 :

목표	월	화	수	목	금	토	일

❋ **나와의 약속을 지키면** ____________________

____

❋ **약속을 지키지 않으면** ____________________

____

엄마〔   〕 아이〔   〕

★ 목표란에 내용을 적고 월, 화, 수, 목, 금, 토, 일 칸에 실행 여부를 ○, ×로 표시한다.

★ 〔   〕은 사인난이다. 이런 행동을 통해 약속의 의미를 다시 한번 생각하게 된다.

습관 관리표(예 : 사고)

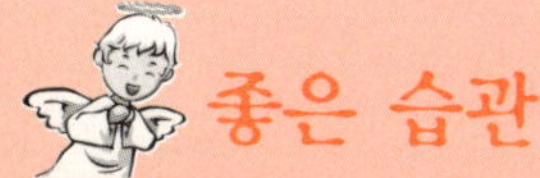

좋은 습관

사고 습관

계획을 잘 세운다.

세심하고 분석적이다.

긍정적이고 열정이 있다.

자신감과 집중력이 있다.

행복한 생각만 한다.

감사하며 배려한다.

고치고 싶은 습관

사고 습관

성격이 소심하다.

자립심이 부족하다.

수동적이고 산만하다.

인내심이 부족하다.

충동적이다.

한 번 실패하면 포기한다.

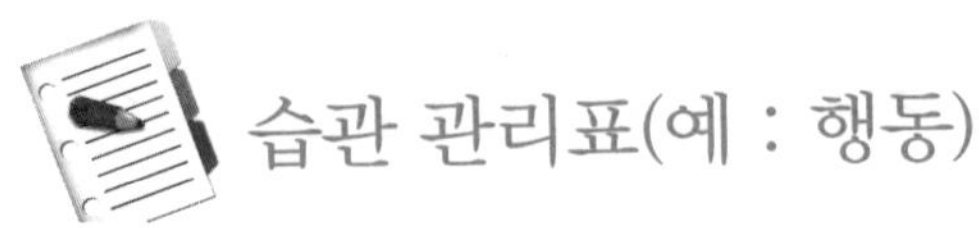

습관 관리표(예 : 행동)

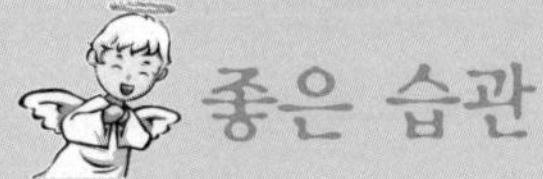

행동 습관

상대방의 이야기를 경청한다.

사교적이고 약속 시간을 철저히 지킨다.

책을 많이 읽고 타인을 즐겁게 해준다.

아침 시간 관리(운동)

계획을 세워 실천하고 시도해본다.

가족과 주변 사람들을 격려해준다.

행동 습관

주변이 어지럽다(책상, 집).

걱정만 하고 실천은 안 한다.

인내심, 절제력(음식)이 부족하다.

주변 사람에게 상처주는 말을 잘한다.

충동적으로 행동한다.

어딘가에 참여하는 것을 주저한다.

습관 관리표

(부모용)   성명 :

좋은 습관

1
2
3

자신을 정확하게 파악해야만 올바른 곳에 에너지를 집중할 수 있다. 내가 가지고 있는 주요한 자원은 무엇이고 무엇이 나의 장점인가에 대해서 분석해보자. 나를 철저하게 이해하는 것은 삶을 성공적으로 살기 위한 첫 단계이다.

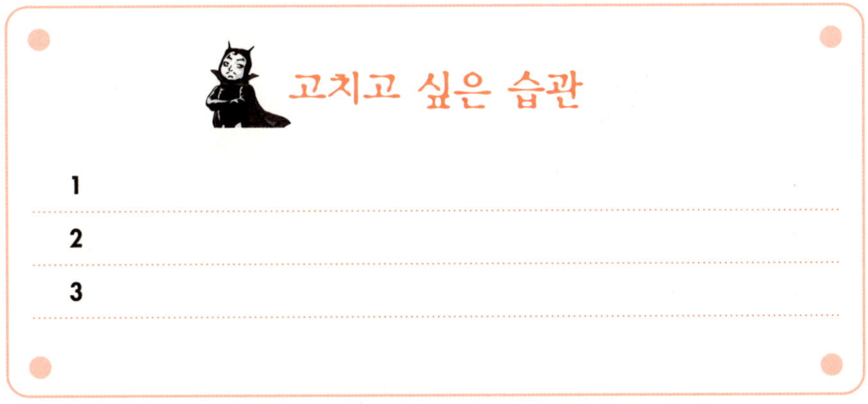

고치고 싶은 습관

1
2
3

- 고치고 싶은 습관 중 무엇을 가장 먼저 버릴 것인지 세 개만 적어보자.

습관 관리표

(아이용)   **성명 :**

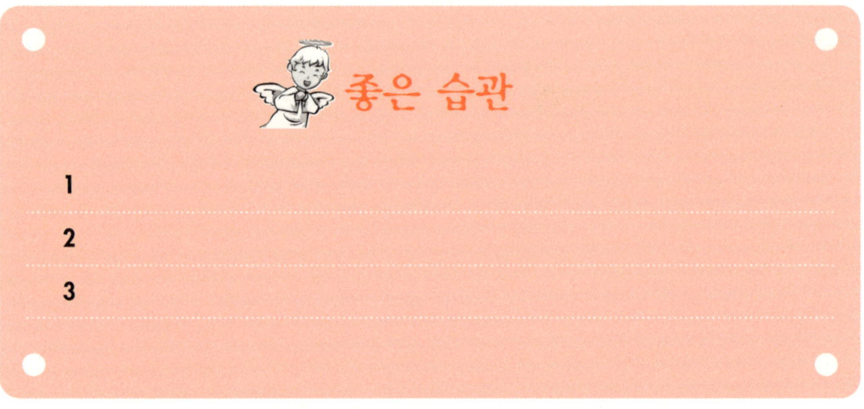

자신을 정확하게 파악해야만 올바른 곳에 에너지를 집중할 수 있다. 내가 가지고 있는 주요한 자원은 무엇이고 무엇이 나의 장점인가에 대해서 분석해보자. 나를 철저하게 이해하는 것은 삶을 성공적으로 살기 위한 첫 단계이다.

- 고치고 싶은 습관 중 무엇을 가장 먼저 버릴 것인지 세 개만 적어보자.

습관 점검표

(부모용)

1 원했기 때문에 이미 가지고 있는 것(잘하고 있는 것들)

2 원하지만 아직 갖지 못한 것(잘하고 싶은 것들)

3 원하지 않는데도 갖고 있는 것(고치고 싶은 것들)

잘하고 있는 것들

잘하고 싶은 것들

고치고 싶은 것들

습관 점검표

(아이용)

1_ 원했기 때문에 이미 가지고 있는 것(잘하고 있는 것들)

2_ 원하지만 아직 갖지 못한 것(잘하고 싶은 것들)

3_ 원하지 않는데도 갖고 있는 것(고치고 싶은 것들)

잘하고 있는 것들

잘하고 싶은 것들

고치고 싶은 것들

성공 습관 만들기(예)

(부모용)

목표 :
  1_ 나는 아이들에게 상냥하게 말한다.
  2_ 나는 아침에 일어나면 가족에게 웃으면 인사한다.
  3_ 나는 오늘 해야 할 일을 꼭 한다.

목표	1	2	3	4	5	6	7	8	9	10	11	12	13	14	15	16
1	○	×	○	×												
2	○	○	○	×												
3	×	○	○	○												

목표	17	18	19	20	21	22	23	24	25	26	27	28	29	30	31
1															
2															
3															

우리들이 마음속에 그린 꿈을 생생하게 상상하고 간절히 바라며 깊이 믿고
열의를 다해 행동하면 그것이 무슨 일이든 반드시 현실로 이루어진다.

- 폴 J. 마이어 -

성공 습관 만들기

（부모용）

목표 :	1_
	2_
	3_

목표	1	2	3	4	5	6	7	8	9	10	11	12	13	14	15	16
1																
2																
3																

목표	17	18	19	20	21	22	23	24	25	26	27	28	29	30	31
1															
2															
3															

우리들이 마음속에 그린 꿈을 생생하게 상상하고 간절히 바라며 깊이 믿고 열의를 다해 행동하면 그것이 무슨 일이든 반드시 현실로 이루어진다.

– 폴 J. 마이어 –

내가 잘하는 것(장점)

(아이용)

자신이 잘하는 것, 잘할 수 있는 것,
재미있게 하는 것을 적어보세요.

학년

성명

1

2

3

4

5

6

7

8

9

10

11

12

13

14

15

성공하는 사람으로 크고 있는 아이들의 습관

* 매사를 긍정적으로 생각한다.

* 용기가 있고 항상 자신감이 넘친다.

* 매사에 열정적이다.

* 남의 이야기를 열심히 듣는다.

* 스스로 목표를 세우고 지킨다.

* 용모를 가꾸어 좋은 이미지를 연출한다.

* 쉽게 포기하지 않고 작은 성취를 즐긴다.

* 지나간 일보다는 앞으로 계획에 대하여 이야기한다.

＊ 아이디어를 자주 낸다.

＊ 상대방을 배려할 줄 안다.

＊ 일의 우선순위를 가려 행동한다.

＊ 다른 사람과 협동할 줄 안다.

＊ 약속을 잘 지키고 시간 관념이 있다.

＊ 무엇을 하든지 집중한다.

＊ 잘 먹고 운동을 좋아한다.

2

아이의 자존감과 성취율을 향상시켜주는
대화 습관

부모의 말과 행동이
아이에게 훌륭한 교과서가 되게 하라

어린 아이를 둔 부모라면 거의 매일 아이와 전쟁을 치르면서 아침을 시작한다. 좋은 부모가 되겠다고 다짐을 하지만 아이와의 사건은 끊임없이 계속된다. 무심코 내뱉는 말들이 얼마나 아이에게 상처를 주며, 아이의 영혼을 파괴하고 있는지 느끼면서도 되풀이하곤 한다.

말하는 것도 습관이다. 그러므로 말하는 기술을 배워야 한다. 이웃에게 말하는 습관과 아이에게 말하는 습관을 한번 비교해보자. 아이와 보내는 일과를 셀프 카메라로 촬영해보아도 좋을 것이다.

아이와 의사소통을 잘 하려면 서로 존중하고 상대의 감정을 거부하지 않고 솔직하게 표현할 수 있도록 해야 한다. 의사소통의 핵심은 잘 듣는 기술이며, 대화는 관계를 맺는 최고의 열쇠이다. 아이의 말을 그대로만 이해하려 하지 말고, 그 말 속에 담겨있는 의미를 읽을 수 있어야 원활한 의사소통을 할 수 있다.

생각이 다른 사람과 대화하는 것이 쉽지는 않지만, 공통 관심사를 찾아 말하다 보면 공감대가 형성되면서 친밀감이 생긴다.

행동하는 것과 말하는 것이 마음의 전부가 아닐 수 있다. 마음은 그렇지 않은데, 자신이 한 말을 정반대로 오해하여 힘들었던 적이 누구나 한 번쯤은 있을 것이다.

아이가 넘어지면 뛰어가 일으키고 보살펴주듯이, 아이가 감정적으로 상처를 입었을 때도 감정적인 도움을 주어야 한다. 그런데 아이에게 가장 많은 상처를 주는 대상은 바로 부모이다.

부모에게 비난을 받으며 자라는 아이는 책임감을 배우지 못한다. 책임감은 저절로 형성되는 것도 아니고, 그냥 얻어지는 것도 아니다.

그러나 많은 부모들이 아이들이 능력 있고, 남을 배려하는 훌륭한 사람으로 자라기를 기대하면서 아이에게 함부로 말하는 경향이 있다. 아이의 태도를 고쳐주고 싶어서 지적하지만, 그 말은 비수처럼 꽂혀서 아이를 힘들게 한다.

아이에게 미움과 분노는 표현하지 말고, 비난하지도 말며, 바라는 이상적인 모습만을 이야기하자. "넌 정말 사랑스러운 아이다, 너처럼 멋진 아이가 자식이라니 정말 행복하고 감사하다, 너의 용기에 찬사를 보낸다, 너의 따뜻한 마음은 사람을 참 행복하게 한다, 너를 보고 있으면 즐겁다, 너와 함께하면 참 편안하다, 너는 특별한 아이야, 너의 현명함과 사려 깊음에 우리는 매사가 즐겁다."와 같은 긍정적인 표현은 아이에게 즐거움과 열정을 준다.

아이와 좋은 관계를 유지하려면 수양이 많이 필요하다. 아무리 화가 나도 잠시 생각하는 시간을 가진 후 아이를 이해하고 상처주는 말을 하지 않도록 노력해야 한다.

어떤 일을 아이에게 시켰는데 아이가 지금은 할 수 없다고 이야기하면 많은 부모들이 "하라면 하지, 넌 항상 이유도 많더라. 무슨 애가 그렇게도 이유가 많니?"라고 대응한다. 그때 아이의 감정을 생각해보자. 아이의 상황은 고려하지도 않고, 양해도 구하지 않은 채 행동하고, 기대하는 대답을 아이가 하지 않으면 그 다음부터는 반격을 시작한다.

가끔씩 아이는 자신이 생각한 것을 신바람 나서 이야기한다. 그때 "어쩜 그런 생각을 했어? 넌 아무리 생각해봐도 에디슨 같아."라고 말하는 편인가, 아니면 "말도 안 되는 소리하지 마. 도대체 뭐가 되려고 그러니? 넌 왜 바보 같은 생각만 하니?"라고 말하는 편인가?

이성적으로 처신하여 아이에게 상처주는 말을 하지 말자고 다짐하지만, 현실에서 무너지는 부모가 많은 줄 안다. 특히 부모와 성향이 맞지 않을수록 아이와의 관계는 더욱 힘들어진다. 최근 '코드(code)'란 말이 유행했었다. 부모와 자식 사이라고 하여도 코드가 맞지 않을 수 있다. 사물을 바라보는 시각, 생각, 표현하는 것은 사람마다 다 다르기 때문이다.

예를 들어, 엄마는 다혈질이고 이성적이지 못하며 모든 의사결정을 충동적이고 빠르게 하지만, 반대로 아이는 아주 분석적이고 논리적이며 행동이 느릴 수도 있다. 이 경우 엄마와 아이 사이에는 매사에 충돌이 생길 가능성이 크다. 엄마는 매사에 느린 아이를 보면서 빨리빨리를 외칠 것이고, 아이는 그런 엄마가 합리적이지 못하다고 생각하여 못마땅할 것이다.

한 가지 상황을 설정해보자. 어느 날 엄마가 아이의 숙제를 알아보기 위해 "국어 숙제는?" 하고 물었다. 아이는 "어……, 25쪽에서 어……." 하고 곰곰이 생각하면서 대답했다. 아이의 말이 끝나자마자, 엄마는 "그래, 국어는 그렇고 수학은?" 하고 또다시 물었다. 아이는 "수학은…… 수학은…… 그러니까……." 하고 머뭇거렸다. 아이는 아직 국어 숙제에 관한 생각도 정리가 되어 있지 않는데, 수학 숙제를 엄마가 또 물어보니 머뭇거리게 된 것이다. 끝내 성격 급한 엄마는 이렇게 말한다. "알림장 가져와 봐. 그래, 그럴 줄 알았어. 너는 숙제 하나도 제대로 모르니? 네가 제대로 하는 것이 무엇이니? 그래, 있지! 허구한 날 게임만 하고, 친구들하고 싸움이나 하고……. 도대체 뭐가 되려고 그러니?"

이런 일상이 되풀이되다 보면 아이는 의사표현을 제대로 할 수 없는 사람으로 성장할 수밖에 없다. 이럴 때는 답답하더라도 웃으며 "어, 그래. 천천히 생각을 정리해서 말해 봐." 하면서 아이가 자기 생각을 정리하고 표현할 기회를 준다면 상황은 달라질 것이다.

아이와 내가 다르다는 것을 인정하라

부모들을 교육하다 보면 도대체 아이들이 어떻게 그렇게 행동하는지 자기 상식으로는 이해가 가질 않는다고 속상해 한다. 부모에게 아이는 가장 사랑하는 존재이지만, 때로는 미운 존재이기도 한다. 그러나 부모와 자식은 어느 한 쪽이 이익을 보거나 손해를 보는 관계가 아니다. 누구나 아이의 행복을 소망하지만 아무런 준비 없이 부모가 되고 보니, 자신도 모르게 아이에게 많은 상처를 주고 있는 것이 현실이다.

그러나 아이가 부모와 다르다는 것을 인정하면 조금은 아이들의 행동을 이해할 수 있게 된다. 뷔페식당에 가서 사람들의 접시를 보면 담겨있는 음식이 다 다르다. 이와 마찬가지로 사랑하는 가족일지라도 선택하는 것은 제각각이기 마련이다.

흑인에게 연탄을 보며 무슨 색이냐고 물어보았다고 가정하자. 흑인이 살색이라고 한다면 틀린 대답일까? 나는 검정이라고 생각하지만, 상대방이 살색이라고 하는 데에는 그럴 만한 이유가 있다고 생각하면 갈등은 없어진다.

나와 다르다고 무조건 틀린 것은 아니다. 부모와 자식도 서로 다르다는 것을 인정하고, 아이와 보다 긍정적으로 의사소통할 수 있는 방법을 찾아보아야 한다. 다시 말해 부모는 아이의 힘을 북돋아주는 지지자로서, 아이가 어려움을 겪을 때 도와주는 상담자로서의 역할을 해야 한다.

부모와 아이와의 유대 관계는 아이가 아주 어릴 때부터 만들어나가는 것이 중요하다. 아이가 다 자라 청소년이 된 후에야 유대 관계를 맺는 연습을 시작하려면 너무 힘들다.

아이와 갈등이 생기면 항상 아이 입장에 서서, '나와 다름을 인정하는' 자세가 중요하다. 아이를 자신의 성향에 맞추려 하지 말고 한 발짝 뒤로 물러서서 아이의 이야기에 귀를 기울인다면 서로 충분히 신뢰를 쌓아나갈 수 있다. 아이와 내가 다르다는 것을 인정하고 아이의 눈높이에서 이야기할 수 있어야 한다. 부모가 얼마나 그 역할을 잘 하느냐에 따라 여러 가지 효과가 배가될 수 있음을 명심해야 한다.

부모와 아이의 유형 분석을 통해
성공하는 아이로 키워라

부모와 아이의 유형을 분석하는 이유는 부모와 아이가 각기 다른 성향을 가지고 있으므로 아이 양육 방법도 아이의 기질에 따라 다르게 적용되어야 하기 때문이다. 유형 분석을 통해 우리는 형제, 자매라 해도 아이의 성향이 다르다는 것을 알 수 있다.

다음의 글은 『우리 아이는 왜 이럴까』, 칼슨 러닝사의 PPS (Personal Profile System)에서 인용해 온 것이다.

사람의 유형은 크게 주도형(dominance), 사교형(influence), 신중형(conscientiousness), 안정형(steadiness)으로 나뉘어진다.

일반적으로 사람들은 태어나서 성장하여 현재에 이르기까지 자기 나름대로의 독특한 동기 요인에 의해 선택적으로 일정한 방식에 따라 행동을 취하게 되는데, 그 행동은 하나의 경향성을 이루어 자신이 일하고 있거나 생활하고 있는 환경에서 아주 편안한 상태로 자연스럽게 나타나게 된다. 우리는 그것을 행동 패턴(behavior pattern) 또는 행동 스타일(behavior style)이라고 한다.

사람들이 이렇게 행동의 경향성을 보이는 것에 대해 1928년 미국 콜롬비아대학교의 심리학 교수인 윌리엄 마스턴(William Marston) 박사는 독자적인 행동 유형 모델을 만들어 설명하고 있다.

마스턴 박사에 의하면 인간은 환경을 어떻게 인식하고 또한 그 환경 속에서 자신의 힘을 어떻게 인식하느냐에 따라 4가지 형태로 행동하게 된다고 한다.

마스턴 박사는 이러한 인식을 축으로 한 인간의 행동을 각각 주도형·사교형·안정형·신중형, 즉 DISC 행동 유형으로 부르고 있다.

DISC(Dominance, Influence, Steadiness, Conscientiousness)는 인간의 행동 유형(성격)을 구성하는 핵심 4요소의 머리글자를 따서 만든 약자이다. DISC 행동 유형을 알면 자신의 행동 유형과 강점을 발견하여 활용할 수 있고, 한편으로는 다른 사람이 왜 그렇게 행동하는지를 이해함으로써 다른 사람과 원만한 상호 작용을 할 수 있게 된다.

주도형

주도형에 속하는 부모는 아이들이 자신이 세워 놓은 원칙에 그대로 순종하기를 바라며, 만약 그 원칙에 위배되거나 반대되면 체벌을 해서라도 지키게 하려 한다. 또한 아이에 대한 기대치를 높게 잡고 아이가 일생 동안 매진하여 성공하기를 기대한다. 이때 아이가 반발하거나 수용하지 못하고 간접적인 저항을 하면 계속해서 잔소리하며 아이의 의사를 무시하고 강압적인 부모가 될 수 있다.

주도형에 속하는 아이는 공부, 숙제 등의 일을 자발적으로 자신의 속도대로 빠르게 추진하고 일을 함에 있어서 집중력이 강하다. 또한 핵심 사항이나 중요 사항을 금방 파악하고, 만일 수업에 불만 사항이 있을 경우 교사에게 직접적으로 표현한다. 도전적인 과제를 원하고, 가만히 앉아서 듣기보다는 체험해보기를 원하며, 고집이 세고 자기 주관이 뚜렷하여 독자적인 행동을 잘하고 남의 충고를 잘 받아들이지 않는다. 경쟁심도 강해서 운동 경기나 게임에서 이겨야 직성이 풀리며, 의사소통이 시원스럽기는 하지만 다른 사람에게 퉁명스러워 보이거나 거칠게 보이기도 한다.

사교형

사교형에 속하는 부모는 아이에 대한 애정 표현을 잘하며, 아이가 원하는 것은 무엇이든지 해주려는 형이어서 아이에게 용돈을 잘 주고, 여행, 모험적인 행동, 외식 등 아이들과 함께 생활을 즐기는 편이다. 따라서 아이의 빗나간 행동이나 잘못을 엄하게 다스리거나 일관성 있게 훈육하지 못한다.

사교형에 속하는 아이는 사람과의 사귐을 중요시 여기기 때문에 쉽게 친구를 사귀고, 상대방의 감정을 잘 파악하는 직관력이 뛰어나므로 상대방의 기분을 잘 맞추어준다. 또 매사를 낙천적으로 생각하기에 웃음이 많고 유머 감각이 풍부하며, 희로애락의 감정 표현을 잘하여 애교가 많고 생기가 넘친다. 어떤 때는 이런 성향이 너무 강하여 예의를 지켜야 할 장소나 시간에도 튀는 행동을 하여 버릇이 없다는 말을 듣기도 하며, 실패나 사태의 심각성 등에 대해서 절박하게 느끼지 않기도 한다.

친구들에게 인기가 있으며 남들에게 인정받고자 하는 의식이 강하여 인정을 받지 못하거나 자기 마음에 안들 때에는 잘 토라지기도 한다. 자신의 재능을 친구와 선생님에게 보여주고 싶은 욕구가 강해 선생님의 질문에 답을 몰라도 아주 빠르게 손을 들고 나서 생각하는 등 의사표현을 적극적으로 잘하지만 체계성·논리성·분석적인 면이 뒤떨어진 부분도 있다. 또한 충동적·즉흥적으로 물건을 사들이는 경향이 있으므로 경제 교육을 시켜야 한다. 낙천적인 성향 때문에 대충 공부해 놓고도 잘될 것이라고 생각하므로 숙제를 했는지 안했는지 반드시 점검해주어야 한다.

안정형

안정형에 속하는 부모는 아이에게 세심하게 주의를 기울이고 조용하면서 편한 관계를 맺어 심리적·육체적으로 안정감을 준다. 또 아이와 다른 사람들에게 성실하게 봉사하고 희생하며, 화가 나도 참으려고만 한다. 많은 것을 지나치게 받아들이는 태도는 자칫 아이를 부모 의존형 아이나 의지가 약한 아이로 만들 수 있다.

안정형에 속하는 아이는 일반적으로 조용하며 주위에서 시키는 일이나 주어진 일을 성실하고 꾸준하게 잘하여 착한 아이라는 평을 듣는다. 그러므로 남들 앞에 나서서 이끌기보다는 옆에서 뒤에서 소리 없이 도와주는 일을 잘하는 봉사 정신이 강하다. 한편으로는 자기 주장이 강하지 못하고 변화나 위험 부담이 되는 일은 회피하는 경향이 있으며, 행동하기 전에 생각하기 때문에 빨리 결과를 만들어내지는 못하지만 인내심을 가지고 꾸준히 한 가지 일을 성취하는 편이다.

신중형

신중형에 속하는 부모는 아이를 바르고 남들에게 인정받으며 칭찬받는 완벽한 아이로 양육하고 싶어한다. 그래서 아이들에게 감정 표현을 잘하지 못하고 칭찬에 인색하다. 그러므로 이런 유형에 속하는 부모는 자신이 아이에게 요구하는 사항을 자세하고 꼼꼼하게 설명하고 아이가 그대로 실행하는지 체크한다. 신중형의 성향을 가진 부모는 아이에게도 스트레스를 주고 부모 자신도 스트레스를 많이 받을 수 있다.

신중형에 속하는 아이는 자기 절제를 잘하고 자신과 타인에 대해 높은 기대를 가지고 있기 때문에 만약에 그 기대에 못 미치면 불편하게 생각하거나 비판적으로 된다. 그러나 매사에 주의가 깊고, 조심스럽게 행동하며, 예의가 바르고, 논리적이며, 분석적인 면이 강하다. 친구를 신중히 사귀고 낯을 가리기 때문에 사회성은 부족하지만, 직관력이 뛰어나고 올바른 행동과 사고를 하려는 경향이 강하며, 은근한 자기 고집이 있다.

유형별 아이 양육법

- **주도형 부모+주도형 아이** : 서로 간의 논쟁을 피하되 아이에게 선택권을 준다. 이야기를 나눌 때도 장황하게 설명하지 말고 간결하게 지시한다.
- **주도형 부모+사교형 아이** : 모든 일을 할 때 아이가 흥미를 갖도록 유도하고 되도록 부모가 함께 한다. 사교형에 속하는 아이는 인정받고 싶어하므로 칭찬과 애정 표현을 많이 해준다.
- **주도형 부모+안정형 아이** : 아이 스스로 과제를 해냈다는 자부심을 갖게 해준다. 아이를 혼낼 때에는 직설적으로 비난해서는 안 되며, 다른 아이와 비교하여 스트레스를 받지 않게 한다.
- **주도형 부모+신중형 아이** : 아이가 "왜?"라는 질문을 할 때는 인내심을 가지고 상세하게 설명해주고 아이의 조심성을 인정해준다. 부모가 아이를 비판할 경우 마음의 상처를 입을 수도 있음을 알아둔다.
- **사교형 부모+주도형 아이** : 아이가 해도 되는 것과 해서는 안 되는 것의 한계를 명확하게 구분해주고 아이의 잘못을 지적할 때는 핵심만 짚어서 이야기한다.
- **사교형 부모+사교형 아이** : 엄격하게 훈육해야 한다. 아이가

낙천적인 성향이 있어 무엇이든 대충 넘어가는 경향이 강하므로 지켜야 할 항목을 꼭 정해주고 체크해야 한다.

- 사교형 부모＋안정형 아이 : 느긋하게 아이 스스로 결정을 내리고 일을 할 수 있도록 옆에서 지켜보면서 진실한 마음으로 칭찬과 인정을 해준다.
- 사교형 부모＋신중형 아이 : 아이와 갈등이 있을 때 객관적으로 보도록 노력하면서 아이의 완벽함을 인정하고 구체적으로 칭찬해준다.
- 신중형 부모＋주도형 아이 : 아이가 모험심이 강하므로 아이가 목표를 성취했을 때는 인정해준다.
- 신중형 부모＋사교형 아이 : 부모가 아이에게 바라는 기대치가 높으므로 아이의 수준에 맞게 기대 수준을 수정하여 장점을 칭찬해준다. 아이가 나와 다르더라도 아이의 있는 그대로 모습을 사랑해준다.
- 신중형 부모＋안정형 아이 : 아이가 자신의 의견을 말할 수 있게 분위기를 조성해주고 결과가 만족스럽지 못할 때라도 노력한 부분을 칭찬해준다. 나무랄 일이 있을 때는 주의해서 한다.
- 신중형 부모＋신중형 아이 : 부모와 다른 아이의 의견도 수용해주고 인정해준다. 아이에 대한 애정 표현을 많이 하고 아이의 존재를 인정하고 격려해준다.
- 안정형 부모＋주도형 아이 : 부모는 권위를 지켜야 한다. 아이가 주도적으로 일을 하므로 부모가 일관성을 지니고 아이를 지도해야 한다.

● 안정형 부모+사교형 아이 : 숙제, 주변 정리 등을 점검한다.
점검을 할 때는 구체적으로 질문하여 이행 여부를 확인한다.

● 안정형 부모+안정형 아이 : 진취적인 면을 강조하고 주도적인
성향을 기르도록 지도한다.

● 안정형 부모+신중형 아이 : 혼자서 지낼 수 있는 시간을 주고,
아이가 질문을 할 때는 인내심을 가지고 상세하게 설명해준다.
아이를 칭찬할 때는 구체적으로 한다.

아이에게 항상 긍정적인 말로 표현하라

 아이를 비난하고 기를 죽이며 설교하는 식의 말은 역효과를 낸다.

아이에게 대화하는 방식으로 타인에게 말한다면 관계가 지속될 수 있을지, 상대방이 자신에게 그런 식으로 이야기해도 감정이 상하지 않을지 생각해보아야 한다. 자존심을 상하게 하는 말투는 상대에게 상처만 주고 거리감을 생기게 한다. 이와 같이 부모에게서 상처되는 말을 듣는 아이는 부모가 정말 자신을 사랑하는지 의심이 들 것이다.

아이와 대화하는 법을 아이의 입장에서 생각해보자. 아이에게 동의를 구할 때는 명령조로 하지 말자. "해라, 하지 마라."보다는 "하는 것이 어떻겠니? 해주면 좋겠다."라고 이야기하는 것이 바람직하다. "집에 늦게 오면 전화해라."보다는 "늦게까지 전화도 없이 들어오지 않으면 얼마나 걱정이 되겠니? 잠시 전화해주면 어떻겠니?"라고 하는 것이 좋다. 그리고 감정에 치우치지 말고 일관성 있게 이야기하도록 하자.

"숙제해라."보다는 "숙제할 시간이다.", "방 정리해라."보다는 "이젠 방 정리할 시간이다.", "이것도 글씨라고 썼니?"보다는 "좀 더 또박또박 쓰면 읽기 쉬울 거야."라고 하는 것이 좋다.

부모가 긍정적인 기대의 말을 하느냐, 부정적인 기대의 말을 하느냐에 따라 아이의 모습이 달라진다. 아이는 부모의 기대에 부응해야 한다는 사명을 갖고 생활하기 때문이다. 무심코 내뱉는 상처 주는 말들이 상처 받는 아이, 자존감이 낮은 아이, 도전 정신이 없는 아이를 만든다. 자기 효능감이 없는 사람은 새로운 일을 시도도 하지 않고, 자신의 삶에 불만스러운 부분이 있어도 변화하려 하지 않는다.

어려서부터 부정적인 자아상이 성립되면 자기 효능감이 사라지게 된다. 또 부모의 말 한 마디가 아이의 미래를 망쳐버릴 수도 있다. "너를 보고 있으면 정말 기분이 좋아진다, 너의 엄마라는 사실이 자랑스럽다, 너는 정말 잘 해 낼 수 있을 거야, 엄마는 너를 믿는다."라는 말 등으로 아이에게 성공에 대한 기대감을 갖게 해야 한다.

누구에게나 칭찬은 긍정적인 효과를 준다. 칭찬도 습관이며, 하는 방법이 있다. 잘 한 것은 곧바로 칭찬하되, 구체적으로 하고, 결과가 조금 부족하더라도 노력하는 과정도 칭찬해주어야 한다. 따뜻한 눈길과 정감있는 말투로 진지하게 칭찬하면서 꼭 껴안아준다면 효과는 배가될 것이다.

　말은 엄청난 영향력을 준다. 부정적인 말은 마음을 불안하게 하고 화나게 한다. 부모는 긍정적인 말로 아이가 자신을 특별한 존재라고 생각하며 사랑할 수 있게 해야 한다. 이를 위해서는 자신의 감정과 생각을 효과적으로 전달하는 방법을 배워야 한다.

아이와의 대화에서는 적극적으로 경청하는 습관을 가져라

 아이에게 인격을 비하하고 창피와 비난을 주기보다는 부모의 생각을 전달하는 기술을 습득하자.

부모는 아이의 행동만 보고 판단할 것이 아니라 감정을 읽고 대응해야 한다. 부모가 아이의 마음을 이해하고 경청하고 반응해주면 아이의 상처는 치유되고 부모와 더욱 깊게 친밀감이 형성된다. 아이가 실망한 일이 있다면 공감을 표시하고 아이의 기분과 불만을 인정해주자.

그러나 부모들은 아이와 대화를 하다보면 끊임없이 설교식으로 말하고 비판하게 된다. 화를 내지 않겠다고 다짐을 하면서도 갑작스럽고 예기치 않게 또 예전 습관대로 되풀이하는 것이다. 심할 경우

제 정신이 아닌 사람처럼 이성을 잃고 차마 입에 담을 수 없는 독설, 폭언을 퍼 부어대기도 한다. 그 순간이 지나고 나면 부모는 죄책감을 느끼고, 아이는 반성을 하기보다는 분노하게 된다.

부모라고 해서 자신의 모든 감정을 숨기고 드러내지 말라는 것은 아니다. 의사소통은 자신의 생각이나 느낌을 쏟아붓는 것이 아니라, 자신이 전하고자 하는 메시지가 무엇인지 상대방이 이해하게 하는 것이다. 그러므로 상대방의 행동을 비판하는 것이 아니라 감정을 보호하는 언어를 사용해야 한다. 감정적인 상태에서 "그렇지 뭐. 네가 제대로 하는 것이 하나라도 있겠니?"라는 식으로 빈정거리며 무심코 던진 말은 메아리가 되어 아이의 마음속에 각인된다. 잔인하고 모진 말은 일생을 암울하게 하고 파괴하기까지 한다.

다음 상황을 가정해보자.

아이가 선생님께 혼이 나서 돌아왔다. 혼은 났지만 아이에게도 억울한 점은 있다. 아이는 화가 났으며, 상처받은 마음을 부모에게 치유 받고 싶어한다. 아이가 "엄마, 나 오늘 선생님께 야단맞았는데 억울해요." 그런데 엄마는 자세한 내용을 들어 보지도 않고, "네가 어떻게 했는지 안 봐도 알겠다. 넌 어쩜 그렇게 맨날 사고만 치고 제대로 하는 것이 하나도 없니? 내가 선생님이라면 그 정도로 끝내지 않았을 거야. 선생님이 참 마음도 좋으시다."라고 빈정거리면서 비난한다면 아이의 마음이 어떻겠는가? 남편에게 혹은 아내에게 하소연을 했는데 반응이 그렇다면, 앞으로 절대 마음을 터놓고 이야기하지 않겠다고 다짐하지 않겠는가?

아이가 자신의 속상함을 이야기하면 아이가 겪었을 아픔, 분노,

부끄러움을 먼저 이해하려고 노력하자. 올바른 의사교환은 단순히 단어를 주고받는 것이 아니라, 말 속에 숨어있는 의미를 주고받는 것이다.

미국의 심리학자 토마스 고든(Thomas Gordon) 박사는 효율적인 의사교환의 방법으로 적극적 경청을 제시한다. 적극적 경청이란 소리만 듣는 것이 아니라, 말하는 사람의 생각까지도 알아내는 것이다. 이는 말하는 사람에게 주의를 집중하고 공감해야 가능하다.

아이의 말에 적극적 경청을 하려면 아이가 분리된 개별적인 존재로서 자신의 감정을 가지고 있다는 것을 인정하고 이야기를 들어주어야 한다. 부모와 아이의 감정이 다르더라도 수용해야 하고, 아이가 자신의 감정을 조절하며 스스로 문제를 해결할 수 있다고 믿어야 한다.

반면 수동적 경청이란 상대의 말을 가로막지는 않지만, 공감이나 주의집중을 하지 않으면서 그저 상대가 말하도록 놓아두는 것이다. 대부분 많은 사람들이 자신이 듣고 싶은 내용만 듣고, 자신과 생각이 다르면 대화를 중단하고 자신이 하고 싶은 말을 하는 경향이 있다.

부모들은 아이가 부족하고 미숙하다고 생각하기 때문에 아이와 대화할 때 대체로 자신의 경험이나 동기에 따라 충고하고 탐색하고 해석하여 판단한다. 그러나 충고, 탐색, 해석, 판단 등을 하면 아이들은 자신의 감정을 드러내지 않는다.

부모의 대화 방법에도 훈련이 필요하다. 예컨대, 아이가 학교에서 돌아와 손발을 씻고, 숙제도 다 해놓고, 책가방까지 챙겨 놓았을 때는 "착하다, 잘했다."라고 막연하게 얘기하는 대신에 구체적으로 표

현한다. "손발도 깨끗하게 씻고, 숙제도 해놓고, 책가방도 챙겨 놓았
구나."라고 말이다. 아울러 "너를 보고 있으면 엄마는 흐뭇하고 행
복해."라는 식으로 부모 자신이 느낀 것을 말해준다.

또한 아이들이 칭찬받을 만한 행동은 요약하여 말해준다. "자기가
할 일을 스스로 하는 사람은 책임감 있고 성실한 사람이야."

지금부터는 다음과 같이 말하는 훈련을 해보자.

첫째, 아이가 말한 내용을 재정리한다. 둘째, 아이의 감정을 대화
에 반영해준다. 이것은 아이의 고통, 좌절, 행복감, 안도감 등을 눈
과 마음으로 듣는 것이다. 아이의 몸짓이나 어조에 주의하며, 아이
의 생각 속으로 들어가 보자. 셋째, 이해를 돕기 위해 적절한 질문을
하고, 아이가 자신의 말을 이해하고 있다고 느껴지도록 다음과 같은
말을 한다.

"맞아, 네가 잘 알고 있는 것처럼~"

"내가 들은 내용을 정리하면~"

"내가 제대로 이해했는지 모르겠는데~"

"네가 중요하게 생각하는 것은~"

"네가 하고 싶은 말은 이런 것이니?"

아이는 부모가 눈을 마주치며 말하거나, 자신이 말한 내용을 정리
하여 다시 한번 말을 하거나 질문하면 정말 자신의 말을 부모가 잘
듣고 있다고 느끼게 된다. 이야기 도중 잘 듣고 있다는 의미로 고개
를 끄덕이거나 "그래, 그랬구나, 그래서 어떻게 되었어?" 등과 같은
말로 대화를 유도하면 아이는 신이 나서 말하게 된다.

적극적 경청보다 더 발전된 것이 맥락적 경청이다. 이것은 말 그 자체만이 아니라 말하는 사람의 의도, 감정까지도 듣는 것을 말한다. 그러나 사실은 적극적 경청도 실천하기란 쉽지 않다.

대화를 잘 하기 위해서는 인내심을 가지고 상대방의 말을 잘 들어야 한다. 상대방이 하는 말에 동의할 수 있는 것을 찾고, 상대방이 무엇을 말하려 하는지 파악할 뿐 아니라 상대가 느끼고 있는 감정까지도 이해하려고 해보자.

아이가 말을 하는 동안 부모 자신이 어떻게 반응해야 할지를 생각하거나 중간에 말을 끊지 말고, 성급하게 결론지어 말하지 말자. 부모가 듣고 파악한 내용을 한 문장으로 종합하여 대화 중에 기회를 봐서 자연스럽게 이야기하는 것이 좋다. 대화는 주고받는 것 즉 양방 통행이 이루어져야 한다.

부모라고 해도 아이에게 사랑을 줄 수는 있으나 생각까지 줄 수는 없다. 그러나 부모가 매일 하는 언어 습관이 아이들을 생각하게 만들 수는 있다. 이렇게 아이에게 말하는 습관을 가지기란 처음에는 어렵고 힘들 것이다. 그러나 이런 훈련을 통해 아이와 대화하는 습관을 고칠 수 있다. 좋은 부모가 된다는 것은 참으로 힘이 드는 일이다. 아이와 대립하지 않고 좋은 관계를 형성하고 있다면 인생을 성공해 가고 있는 것이다. 이보다 힘든 수양이 어디 있겠는가?

적극적 경청은 마음을 열게 하여 대화를 매끄럽게 하고, 자신의 감정을 표현하게 하며, 스스로 문제의 근본이 무엇인지 밝히고 해결하도록 하는 데 도움을 준다. 적극적 경청으로 아이와 서로 신뢰하고, 이해하며, 관심을 갖는 관계로 발전시키자.

나 메시지법으로
아이의 행동을 변화시켜라

효과적인 커뮤니케이션 기술로서 고든의 '나 메시지법'을 들 수 있다. 이것은 자신의 생각과 감정을 정직하게 표현하고 자신의 주장을 전함으로써 상대방에게 행동의 변화를 요구하는 것이다.

자신이 무엇을 원하는지 그리고 어떻게 느끼는지 상대방이 스스로 알아주기를 바라는 것은 과욕이다. 자신의 감정을 표현하지 않으면 상대방이 알 수 없다.

그러나 자신의 감정을 밝힌다고 해도 상대방에게 책임을 전가할 경우 문제가 발생한다. 특히 상대방이 한 행동을 자기 나름대로 평가해서 이야기하는 것은 상대방을 공격하는 행동이 될 수 있으므로 주의해야 한다.

그리고 마지막으로 자신이 주장하는 바를 설명한다. "나는 당신이 ~했을 때 ~하는 느낌이었다." 또는 "앞으로 당신이 ~해주었으면 좋겠다."라는 식으로 의견을 전한다.

나 메시지 활용법 공식은 아래와 같다.

> **1_** 네가 ~하면(행동 서술)
> **2_** 나는 ~라고 느낀다(느낌 서술)
> **3_** 왜냐하면(결과 서술)

이 공식을 다음과 같이 대화에 적용해보자.

"네가 방 안을 어질러 놓으니까 엄마는 속이 상하는구나. 왜냐하면 아침에 청소를 해놓았는데 또 하려니까 힘이 들기 때문이야."

"네가 학교를 마친 후 전화도 없이 안 오면 엄마는 아무 일도 할 수 없어. 왜냐하면 네가 어디에 있는지 몰라서 걱정이 되기 때문이란다."

간혹 나 메시지법을 사용해도 아이가 잘못된 행동을 계속하여 갈등 상황이 벌어질 수 있다. 갈등 상황에서는 서로를 더 나쁜 사람으로 보게 되고, 상대방의 행동을 정확하게 지각하는 것이 힘들어진다. 갈등이 계속되면 서로를 비난하게 되고 자기 방어만 하게 된다.

갈등이 계속되더라도 아이에게 상처 주는 표현은 하지 말고, 지금의 기분, 감정, 앞으로 해야 할 일에 대해서만 이야기하자.

항상 아이의 입장에서
생각하고 행동하라

아이에게 창피나 모욕을 주지 않고 효과적으로 꾸중하는 방법을 배우자. 지나간 일을 파헤치지 말고 앞으로 어떻게 해야 똑같은 일이 생기지 않을지에 대해 중점적으로 이야기하자.

화가 나면 지난 일부터 끄집어내어 정작 오늘 무슨 일로 화가 났는지 잊어버리는 사람이 있다. 그러나 화를 낼 때는 화를 내게 만든 그 자체에 초점을 두어야 한다.

대다수 부모들은 화를 나게 만든 본질은 조금만 이야기하고, 어제, 그제, 한 달 전의 모든 이야기를 꺼내 아이에게 인신공격하고, 명령하며, 위협하고, 훈계하며, 설교한다. 지나간 것도 말하고 싶지만, 꾹 참고 그 순간 일만 이야기하자.

부모도 감정의 동물이라 말이 거칠어질 수 있지만, 아이에게 화가 난 이유를 설명하고, 자신의 마음이 어떠한지, 앞으로 어떻게 해주면 좋겠다는 것까지만 이야기하자.

"엄마 정말 화가 났어. 집이 이렇게 정리가 되어 있질 않으니, 화가 나서 견딜 수가 없어. 앞으로는 네 장난감은 네가 정리하도록 해."

지그 지글러(Zig Ziglar)는 '당신의 마음속에 무엇이 들어 있는가가 현재의 당신을 만든다.'고 했다. 부모의 마음이 아이의 장래까지 만든다고 생각할 때, 부모는 얼마나 많은 생각을 하고 말을 해야 하는지 주의해야 한다.

요즘 여러 가지 유형의 난폭한 아이들을 변화시키는 텔레비전 프로그램이 있다. 그 아이들의 행동은 보는 사람들을 경악하게 한다. 그릇을 사정없이 부수거나, 동생 혹은 누나를 때린다. 심지어는 그 아이의 부모까지 어떻게 이런 일이 있을 수 있을까 할 정도로 이해하지 못하는 부분이 많다. 유아기 때부터 아이와 부모의 관계 형성 과정을 추적해보았더니 그만한 원인이 있었다. 그 원인에 따라 그러한 결과가 나왔던 것이다.

그런데 분명한 것은 아이를 대하는 부모의 태도가 바뀌면 아이가 정말 몰라볼 정도로 변화된다는 점이다. 부모의 영향력을 절감하는 프로그램도 요즘 많이 생겼다.

많은 부모들이 무의식적으로 아이를 꾸짖는데, 잦은 꾸중은 아이를 소극적이거나 공격적으로 만든다. 화가 나면 분노를 드러내도 되지만, 감정까지 섞으면 안 된다. 부모들은 아이도 인격체라는 사실을 받아들여야 한다. 아이와 부모의 관계도 다른 인간관계와 다르지 않음을 늘 기억해야 한다. 아이에게 꾸중하는 목적은 아이로 하여금 잘못을 깨달아 행동을 바로잡기 위한 것이지 분풀이를 하려는 것이 아니다.

아이가 잘못을 하면 그 자리에서 꾸짖되, 일관성이 있어야 한다. 그러나 대부분의 부모들은 자신의 기분에 따라 달라진다. 부모 자신이 기분이 좋으면 잘못된 일을 그냥 넘어가기도 하고, 화가 나면 잘못한 일이 아닌데도 화를 내는 것을 볼 수 있다. 부모가 감정기복이 심하면 아이에게 안정감이나 자신감을 기대할 수 없다. 해야 할 일과 하지 말아야 할 일의 경계가 애매하고 일관되지 않기 때문에 아이는 부모의 행동을 예측할 수가 없다. 그때마다 아이는 절망감을 느끼게 된다.

꾸중은 가능한 한 짧게 하고 인격과 능력을 부정하는 말을 해서는 안 된다. 인격을 부정하면 아이의 가능성을 꺾고 미래를 꺾는다.

꾸중을 해도 아이가 기가 죽거나 자신에 대한 자부심을 잃지 않도록 해야 한다. 그리고 부모가 자신을 사랑하고 있다는 것을 반드시 느끼도록 해야 한다.

아이가 물을 엎질렀다면 그 사건에 대해서만 이야기하도록 한다. 그런데 보통 부모들은 "물을 엎질렀구나. 걸레 가져와서 닦자."라고 하지 않고, "바보같이 또 엎질렀니? 매일 말썽만 피우고 조심성이 없어서 걱정이다."라며 모욕적인 말로 꾸짖는다.

방이 어지러져 있으면 "집이 난장판이네. 너는 청소할 줄도 모르고, 엄마도 피곤한데 집을 돼지우리로 만들어놓았어."라고 불평을 토로하며 "빨리 치워."라고 소리친다.

 | 제2장 | 아이의 자존감과 성취율을 향상시켜주는 대화 습관

큰 소리 치고, 윽박지르고, 매를 들고 비판하는 일을 반복하면 아이는 부모에게 분노와 적대감을 갖게 된다. 비난하고 비판하는 대신 아이가 어떻게 해야 하는지를 설명해주어야 한다.

아이들은 부모의 말을 그대로 믿기 때문에 부모가 자신에게 바보라고 이야기하면 자신을 정말 바보라고 믿게 된다. 그렇게 한바탕 소리를 지르고 나면 부모는 금방 후회하게 되지만, 악순환은 계속 반복된다.

아이와 갈등이 생길 때 왜 힘이 들까를 생각해보면 부모 자신이 원하는 대로 되지 않았기 때문이다. 즉, 부모의 기대에 아이가 미치지 못해서이다.

많은 부모들이 자신은 아이를 학대하지 않는다고 말하지만, 말로써 가장 크고 빈번한 학대를 하고 있다. 부모든, 아이든 어느 한쪽이 일방적으로 이기면 다른 한쪽의 마음에 분노와 반발심이 생겨 상처가 남게 된다. 아이가 어렸을 때 대립이 생기면 으레 부모가 이긴다. 그러나 아이가 좀 더 자라 부모에게 저항하기 시작하면 아이가 이기곤 한다.

원칙상은 부모와 아이가 모두 욕구를 충족하고 승패 없는 게임을 해야 한다. 그러나 바람직하지 못한 부모의 대화 습관에 따라 아이가 병들어 가고 있다. 부모는 자신이 무심코 자주 사용하는 말이 아이에게 어떤 느낌을 주고 어떤 아이로 자라게 하는지 생각해보고 고쳐야 한다.

아이에게 무엇인가를 부탁하고 싶을 때는 명령하지 말고 부드러운 말로 칭찬하며 도와달라고 해보자. "미안하지만 너는 청소를 잘

하니까 엄마 좀 도와줄래?" 그리고 고맙다는 표현도 잊지 말자. 역
지사지(易地思之)란 말 그대로 입장을 바꿔 생각해보면 누군가가 자
신에게 명령하면 기분이 좋지 않을 것임을 이해할 것이다.

　사람의 입김을 모아 냉각시킨 침전물의 색을 보면 말할 때 감정에
따라 달라진다고 한다. 평소에는 무색이고, 사랑을 표현할 때는 분
홍색, 슬플 때는 회색, 그리고 독설을 퍼 부을 때는 검은색에 가까운
갈색이라고 한다. 한 시간 동안 독설을 퍼 부은 사람의 침전물을 모
았더니 쥐 80여 마리를 죽일 만한 양의 독성 물질이 나왔다고 한다.

　모로코 속담에 "말로 입힌 상처는 칼이 입힌 상처보다 깊다."는 말
이 있다. 비록 아이가 예측불허의 행동으로 부모를 당황하게 하거
나, 긴장하게 하기도 하고, 화가 나게 할 때도 있지만, 언어 폭력을
자제하는 습관을 기르자. 에머슨은 '말도 행동이고, 행동도 말의 일
종이다.' 라고 역설했다. 항상 아이의 입장에서 생각하면 아이에게
상처주는 말과 행동이 줄어들 것이다.

아이의 지적 호기심을 자극하라

아이가 뭔가를 물어보면 호기심을 충족시켜주는 것이 조기 교육의 핵심이다. 왕성한 호기심을 충족시켜주는 것은 탐구로 이어질 수 있는 지적 성장의 기본 요소가 된다.

아이는 기어다니면서부터 호기심으로 집안 구석구석을 돌아다니며 만져보고 입에 넣어보고 싱크대를 열어보는 등 모든 것에 궁금증을 갖기 시작한다. 그리고 말을 하기 시작하면 끊임없이 질문을 해댄다.

부모들은 처음에는 아이의 이런 모습이 신기하고 대견해 답을 곧잘 해주지만, 아이가 좀 더 자라면서부터는 기분이 좋을 때, 나쁠 때, 몸이 피곤할 때 등 상황에 따라 달리 대답하게 된다. 심지어 "너는 어려서 아직 몰라도 돼."하고 일축해버리기도 한다. 그러나 아이의 호기심에 대해 대충 얼버무리거나 무시하면 안 된다.

아이에게 세상은 신기하고 경이로운 것들로 가득하다. 아이가 뭔가에 관심과 호기심을 가질 때가 외부의 모든 자극을 그대로 흡수하는 적기이다. 그러므로 아이의 호기심에 성의 있게 대답해주자. 질문에 거절을 자주 당하면 호기심도 위축되고, 지적 발달도 늦어지며, 소극적인 아이가 될 수 있다.

아이가 질문을 시작하면 기쁘게 받아들이자. 물론 처음에는 아주 귀엽고 기뻐서 대답을 다 해 주겠지만, 일관성 있게 끝까지 기쁘게 반응하며, 질문을 받는 즉시 설명하는 것은 쉽지 않다.

아이가 말하는 것에 반응을 보이자. 일반적으로 아이들이 어릴 때는 귀찮을 정도로 말을 시키다가 사춘기가 되면 부모와 말하는 것을 거부하기 시작한다. 그러나 모든 아이들이 사춘기가 된다고 해도 다 똑같지는 않다. 어릴 때부터 부모와 많은 이야기를 주고받은 아이들은 사춘기가 되어도 부모와 대화를 잘 한다.

인과응보라는 말은 대화에도 적용된다. 엄마가 부엌에서 음식을 만들면 아이들은 옆에 와서 조잘거린다. 아이가 했던 이야기를 또 할 때 하던 일을 계속하면서 듣는 엄마가 있는가 하면, "똑같은 것을 한번만 더 물어보면 혼날 줄 알아."하고 으름장을 놓는 엄마도 있다. 아이의 호기심이 높을수록 부모의 인내심도 더 많이 필요하다. 아이가 질문하면 하던 일을 멈추고 아이와 눈높이를 맞추고 이야기하자. 당시는 귀찮을지 몰라도 지나고 보면 참 행복한 시간이었음을 알게 될 것이다.

질문에 대한 답은 아이가 원할 때 해주어야 한다. 질문했을 때가 꼭 대답해야 하는 적기이다. '나중에 잘 대답해주어야지.'라고 생각할 수도 있지만, 그때는 아이가 원하지 않는 경우가 많다. 행복이 옆에 와 있어도 느끼지 못하고 지나간 후 그때가 행복했다고 느낀다면 얼마나 어리석은 일인가?

부모가 아이의 질문에 제때 반응하지 않는다면 아이는 어려서부터 대화 습관을 그렇게 몸에 익히게 된다. '대화는 마주보고 하는 것이 아니라 일방적으로 하는 것이구나.'라고 아이는 생각하게 된다.

아이가 성장하면 보통 부모와 입장이 뒤바뀐다. 예를 들면, 부모는 컴퓨터를 하고 있는 아이에게 말을 하지만, 아이는 부모를 바라보지도 않고 하던 일을 계속한다. 그러면 부모는 아이에게 소리친다. "엄마가 이야기를 하면 바라보고 말해." 아이가 대답한다. "엄마, 다 듣고 있어요. 말씀하세요." 아이의 대화 방식은 바로 다름 아닌 부모에게서 저절로 배우게 되는 것이다.

아이는 어렸을 때 부모와 끊임없이 마주보고 이야기하려고 시도했을 것이다. 그때마다 아이의 뜻이 묵살당했다면 부모와 함께 있을 때 점점 말이 적어진다. 급기야 아이가 청소년기가 되면 말 좀 하라고 다그치는 상황에까지 이르게 된다. 그러면 아이는 침묵으로 일관하면서 한 마디 던진다. "엄마가 얘기하면 뭘 알아요?" 그동안 아이와 제대로 대화한 적이 없었기에 모르는 것이 사실이다.

어린 시절부터 부모와 대화하는 습관으로 자신을 정확히 표현할 줄 아는 커뮤니케이터(communicutor)가 만들어진다. 말을 배우기 시작할 때부터 부모가 생각하고 아이와 대화를 한다면 충분히 가능한 이야기다.

아이의 눈높이에 맞추어 호응해주자. 거의 모든 아이는 생후 3개월 정도면 옹알이를 시작하는데, 옹알이는 아이가 하는 최초의 언어이다. 부모가 반응을 보이면 아이는 더 신이 나서 옹알이를 많이 하지만, 무관심하면 옹알이도 급격히 줄어든다.

호기심이 강한 아이는 호기심이 많은 부모가 만든다. 아이가 생각할 수 있는 질문을 던지고, 사물에 대해 많은 의문을 갖게 하자. 호기심은 지적 성장을 위한 자산이다. 하루에 한 가지씩은 "왜 그럴까? 어떻게 그렇게 되었을까?"하는 의문을 아이에게 제기하고, 아이의 호기심을 꺾지 않고 구체적이며 성의 있게 대답해준다면, 아이는 장차 자라서 세상을 움직이는 인물이 될 것이다.

아이는 새로운 것을 경험하도록 격려해주어야 도전을 두려워하지 않는다. 아이가 즐거운 마음으로 새로운 것을 알게 되고 체험하면 두뇌 발달에 도움이 된다. 왜냐하면 즐거운 일을 하면 도파민이라는 쾌감 호르몬이 분비되어 뇌의 기능이 활발해지고 기억력이 높아지기 때문이다. 반면 강요를 받으면서 무엇인가를 억지로 하게 되면 스트레스 호르몬이 분비되어 뇌 기능이 저하되고, 기억력도 그만큼 떨어진다.

생활 속에서 하는 체험 교육은 즐거움을 준다. 밥상 앞에서는 식탁 예절을, 시장에서는 올바른 소비 생활을, 공원에서는 공중 도덕을, 대자연에서는 자연 과학을 가르칠 수 있다. 생활 속에서 체험하면서 배우는 것이 더 잘 이해되고 기억되며, 자연스럽게 습득된다.

부모는 아이가 자신의 생각을 존중받고 있다고 느낄 수 있도록 해야 한다. 물어본 것을 왜 또 물어보느냐고 신경질적으로 이야기하는 일이 반복되면 아이는 점점 부모에게 질문하지 않게 된다. 부드럽고 따뜻한 눈빛으로 아이를 바라보며 친절하게 답해주고, 아이의 호기심을 자극해주자.

아이와 항상 터놓고 대화하는 분위기를 만들어라

부모들이 아이와 대화하는 내용을 살펴보면 개방형 질문보다는 폐쇄형 질문이 많다. 개방형 질문으로 아이와 항상 터놓고 대화하는 분위기를 만드는 것이 중요하다.

폐쇄형 질문은 그렇다, 아니다의 단답형 대답을 유도한다. 신속하게 정보를 알아낼 때는 유용하지만, 대화를 계속 이어지지 않게 하는 단점이 있다. "오늘은 학교에서 뭐 배웠니?", "숙제는 다했니?", "선생님께 혼나지 않았니?", "엄마가 도와줄까?", "내가 전에도 그렇게 말했지?"라는 식의 질문이 이 범주에 들어간다.

개방형 질문은 아이로 하여금 생각하고 참여하게 하여 의견을 교환할 수 있게 한다. 심층적인 대답을 들을 수 있고 대화를 이어지게 하며, 자신의 감정을 스스럼없이 이야기할 수 있게 한다. 예를 들면, "너 요즘 하고 있는 수영은 재미있니?", "요즘 가장 흥미로운 것은 무엇이니?", "좀 더 자세히 이야기 해줄래?", "언제 하는 것이 좋을까?", "엄마가 무엇을 도와줄까?"와 같이 묻는 것이다.

아이와 터놓고 대화하여 속마음을 알고 싶으면 아이의 관심사를 찾아 개방형 질문을 하는 것이 좋다. 긍정적인 질문을 하면 긍정적인 대답을 얻을 수 있다.

부모들은 아이들과 좋은 관계로 잘 지내기를 소망하면서도 아이가 기대에 못 미치면 기를 죽이는 경우가 많다. 그리고 아이로 하여금 부모의 생각에 미치지 못하여 부모가 실망스러워하고 있다는 것을 느끼게 한다. "다 너를 위해서야."하는 말로 아이들에게 부모의 행동을 합리화하려고 하며, 아이들의 자존심을 상하게 하고 잔소리를 하며 화를 내고 꾸짖는 방법으로 자기 생각을 관철시키려고 한다. 이러한 일이 반복된다면 어떻게 좋은 관계가 오래 가겠는가?

미국 심리학자 토마스 고든은 부모는 여러 가지 유형으로 아이에게 반응하는데, 많은 부모들이 의사소통이 걸림돌이 되어 아이의 고민을 해결하는 데 실패한다고 했다. 걸림돌이 생기면 부모는 감정이 격화되어 아이와 관계가 악화되고, 아이는 자존감이 낮아지게 된다. 그 예를 들어 알아 보자.

- 아이에게 명령하거나 지시한다. ➡ 아이는 반항하며 말대꾸를 하게 된다.
- 아이에게 어떤 행동을 하지 않으면 어떤 결과가 생길 것이라고

경고하거나 위협한다. ➡ 아이는 거부하고 분노하고 반항하게 된다.

● 아이에게 해야 할 일과 해서는 안 되는 일을 말하는 훈계나 설교식의 잔소리를 한다. ➡ 아이는 방어적이 되거나 자신이 한 행동에 책임감을 느끼지 않는다.

● 아이에게 충고나 해결법을 제시한다. ➡ 아이에게 의존성과 반항심을 유발하게 된다.

● 아이에게 부정적인 판단, 비평, 평가를 한다. ➡ 아이는 반항적인 말대꾸를 하거나 대화를 단절한다.

● 아이에게 욕을 하거나 조롱을 한다. ➡ 아이는 자신이 사랑받지 못하는 존재라고 느끼게 되고 낮은 자존감이 형성된다.

● 아이에게 동정이나 위로를 한다. ➡ 아이는 자기 감정을 이해받지 못한다고 느끼며 강한 반발심을 가진다.

● 아이에게 일어난 일의 원인을 분석하고 진단한다. ➡ 아이는 위협과 좌절을 경험한다.

● 아이의 생각을 중요하지 않다고 하며 생각을 묵살해버린다. ➡ 아이에게 열등감과 무력감이 생긴다.

아이가 스스로 답을 찾도록 하는 코칭 접근법을 적극 활용하라

아이가 문제에 대한 답을 스스로 찾는 데 도움이 되는 질문을 하는 것을 코칭 접근법이라고 한다. 다음과 같은 질문이 여기에 들어간다.

"어떤 생각을 가지고 그렇게 했지? 어떤 점이 잘 되었니? 어떤 점을 고쳐야 한다고 생각하니? 고치려면 무엇을 하는 게 좋을까? 다른 선택을 할 수 있었다면 어떤 것이 있었을까?"

아이가 무엇인가를 이야기하려고 하다가 망설이고 있는데, 부모가 다그치며 질문하는 상황을 가정해보자.

"너는 생각도 제대로 전달하지 못하니?"

"엄마, 그러니까……. 지금 말하려고 그랬는데……, 그러니까……."

아이가 계속 머뭇거리자, 엄마는 답답해서 소리를 지른다.

"시끄러워. 도대체 제대로 하는 것이 없어."

더 이상 대화는 이어지지 않는다.

아이가 말이 많을 수도 있고, 적을 수도 있다. 성격이 급할 수도 있고, 느릴 수도 있다. 부모는 성격이 급하지만, 아이는 느릴 수도 있다. 그러므로 좀 더 적극적으로 경청하고 침묵을 효과적으로 사용한다.

아이에게 생각의 물꼬가 터지지 않으면 관련된 질문을 하면서 이야기를 진전시켜준다. 질문하는 방법과 그 예를 들어보면 다음과 같다.

❶ 아이의 생각을 들어본다. ➡ 내가 하고 싶은 일이 무엇이니?

❷ 해결 방법을 이야기해본다. ➡ 이것을 잘하기 위해 어떻게 해야 할까?

❸ 목표를 세우고 실행할 계획을 수립한다. ➡ 목표를 달성하기 위해 해야 할 일을 구체적으로 어떻게 세워야 할까?

❹ 실행을 방해하는 걸림돌을 생각해본다. ➡ 계획을 수립하기 위해서 이 걸림돌을 어떻게 극복해 나가야 할까?

❺ 결론은 항상 아이가 내리게 한다. ➡ 이야기한 내용을 토대로 다시 한번 정리해서 이야기해볼까?

코칭 접근법을 사용하면 아이가 부모와 함께 의논하여 결정하고 실천하여 결과를 책임지도록 할 수 있다.

항상 열린 마음으로
아이의 말을 인정하라

칭찬은 자신감을 주어 높은 수준의 성취를 갈망하게 하고 좋은 성과로 이어지게 한다. 그래서 칭찬을 하면 또 칭찬으로 이어진다. 칭찬은 학습 의욕을 북돋우는 밑거름이고, 삶의 의욕을 불어넣는 영양제이며, 마음의 키를 쑥쑥 자라게 하는 양식이다.

칭찬을 할 때는 결과보다는 가능한 한 과정에 초점을 맞추어 해야 한다. "성적이 올랐구나. 잘했다."라고 하기보다 "열심히 노력했구나."라고 하는 것이 칭찬의 기술이다. 칭찬은 진심에서 우러나오는 말로 해야 한다. 이미 한 일을 평가하는 칭찬은 좋지 않다. 책을 읽은 아이에게 "정말 잘했다. 정말 착하다."라고 하기보다 "책을 모두 다 읽었구나."라며 결과를 이야기해주면 된다.

부모의 지나친 기대가 담긴 칭찬은 부담을 준다. "넌 착한 아이구나."라고 하면 칭찬이 될까? 아이는 많은 부담을 안게 되고, 속으로 '난 착한 아이는 아닌데…… 아까도 거짓말했는데…….' 라고 생각하게 된다. "넌 훌륭하고 대단해."라고 가치를 평가하고 판결을 내리는 것은 칭찬이 아니다. 이런 말은 아이를 불안하게 만들고 움츠러지게 한다. 그 결과 아이는 자신이 착한기만 한 아이가 아니라는 것을 행동으로 보여준다. 마음이 불편하니까 편해지기 위해 일부러 잘못을 저지르기도 한다.

칭찬을 할 때는 성격과 인격에 대해 말하지 말고, 노력 과정과 성취한 것 즉 구체적이고 사실적인 것에 대해 말해야 한다.

아이가 방을 청소했다면 "청소를 해주어 고마워. 방이 깨끗하니 기분도 좋구나."라고 하며 아이가 노력한 것에 대해 칭찬한다.

아이의 행동을 변화시키고 싶으면 아이가 이미 행동을 변화시킨 것처럼 대하면 된다. 그러므로 부모들은 항상 말하기 전에 한 번 더 생각하는 습관을 가져야 한다. 앤소니 라빈스(Anthony Robbins)는 '말은 감정을 만들어낼 뿐만 아니라, 행동을 만들어 내기도 한다. 그리고 그 행동으로부터 삶의 결과가 나온다.' 고 했다.

설교를 하듯이 아이에게 장황하게 말을 늘어놓으려 하지 말고, 우선 아이가 생각하는 것이 무엇인지 경청해보자. 꾸중은 자신감을 잃게 하여 주저하게 하고 형편 없는 결과를 낳게 한다. 그러면 또 꾸중으로 이어지게 되므로 삼가자.

아이를 도와주려면 아이의 목적, 목표, 성공에 초점을 맞추어주어야지, 부모 자신의 의도를 강하게 반영하려고 해서는 안 된다.

자칫 잘못하면 아이의 무책임한 행동을 고쳐주고 싶어 사용하는 언어들이 아이의 자아인식을 낮아지게 할 수도 있다. 그러나 그것은 부모가 원하는 바가 아니다. 모든 부모들은 아이가 자아가치에 손상을 입지 않고 책임감 있는 행동을 하기를 바란다.

아이에게 배려하며 자신감을 키워줄 수 있는 따뜻한 마음으로 대화하는 마음이 부모에게는 우선되어야 한다. 아이로 하여금 모욕감을 느끼지 않고 규칙을 지키게 하는 법, 아이의 인격을 훼손하지 않고 비판하는 법, 아이가 한 일을 판결하지 않고 칭찬하는 법, 아이의 의견을 인정하는 법, 즉 아이가 자신을 믿고 자신감을 키워나가도록 하는 것이 중요하다.

말은 격려하는 힘과 파괴하는 힘이 있다. 그러므로 노력한 과정을 인정하되, 평가를 내리지는 말아야 한다.

문제가 생기면 꾸짖기보다는 해결책을 찾아 아이와 함께 고민해보자. 과격하고 극단적인 표현은 삼가고, 빙빙 돌리지 말고, 하고 싶은 말은 분명하게 하자. 아이가 말을 할 때 말꼬리를 계속 잡고 끊으면서 질책하지 말자.

아이의 마음을 존중해주자. 아이의 이야기를 들어주고, 감정을 인정해주며, 아이의 아픔이나 부끄러움 등을 이해하는 마음을 표현해주면 된다.

화가 나거나 감정이 상할 때 이야기하는 것은 문제를 해결해달라는 것이 아니라, 자신의 이야기를 귀담아 듣고 그 마음을 이해해주기를 바라는 것이다. 그런데 부모는 해결책을 제시하며 충고하고 질책하는 것이 아이를 사랑하는 방법이라 생각한다.

　그러나 절대 아이의 일에 판결을 내리거나 충고하지 말아야 한다. 아이와의 대화에서 중요한 것은 아이를 이해하고 믿고 있다는 것을 느끼게 하고, 부모의 감정을 이입하여 맞장구를 쳐주는 것이다. 잘못한 일이 있으면 "왜 그랬는데?"라고 하지 말고 "그랬구나."라고 하며 마음을 읽어주어야 한다. 아이가 원하는 것이 무엇인지, 고민하는 것이 무엇인지, 아이를 화나고 슬프게 하는 것이 무엇인지를 아이에게 듣고 같이 해결하고 싶다는 이야기를 듣는 부모가 되자. 그러려면 항상 열린 마음으로 아이의 말을 인정해주어야 한다.

아이의 마음에 대화의 초점을 맞춰라

사람은 누구나 무한한 잠재 능력을 가지고 있는데, 상상력과 창조력과 성취 능력이 바로 그러한 것들에 속한다. 자신에게 놀라운 능력이 잠재되어 있다는 것을 깨닫는 것은 실로 흥분되는 일이 아닐 수 없다. 자신의 아이가 가진 잠재력, 상상력을 발휘할 수 있게 해주는 것은 부모가 할 일이다. 잠재력은 대화를 통해 쉽게 발견할 수 있다.

부모의 성격에 따라 아이에게 애정을 표현하는 방법이 다르기 때문에 때때로 아이는 부모가 얼마나 자신들을 사랑하는지 느끼지 못할 수도 있다. 그러므로 부모는 아이에게 사랑한다고 솔직하게 말해야 한다. 그리고 말로 하는 잔소리는 줄이고 아이에게 행동으로 보여주어야 한다.

　실제로 부모와 자식 사이에 하는 대화는 이어지기가 힘들다. 부모나 아이나 각자 자기 생각만 이야기하고 자기 생각과 맞지 않으면 대화를 중단하기가 일쑤이기 때문이다. 그러나 부모는 아이의 마음을 알아가기 위해 노력해야 한다. 그러기 위해서는 우선 아이의 말을 잘 들어주어야 한다. 그리고 아이의 마음을 헤아리며 물어보자. 즉 아이의 마음에 초점을 맞추어 대화해야 한다. 아이가 자신과 다르다는 것을 다시 한번 생각하고, 서로의 입장을 이해하도록 한다.

　상대방을 이해하려면 상대방이 하는 이야기를 공감하면서 경청해야 한다. 대화의 바탕은 서로 마음이 통하는 것에 있다.

　아이들과 나눈 대화 내용을 적어보고 아이의 마음을 더욱 구체적으로 이해해보자. 그 다음에는 해결 중심의 대화를 아이와 나누자. 아이에게 초점을 맞추고, 아이가 원하는 것을 부각시키며, 그것을 위한 적절한 방안을 찾아보는 것이다. 토마스 고든은 '아이들은 부모나 교사에게 반항하는 것이 아니라, 단지 그들의 잘못된 훈육 방법에 저항하는 것일 뿐이다.'라고 역설했다.

3

성취감이 높은 아이로 길러주는

생활 습관

매일 작은 목표를 세우고
달성하는 습관을 가지게 하라

폴 J. 마이어는 '인생에 있어서 자신이 원하는 것이 달성되고 있지 않다면 그 이유는 단 한 가지 목표를 설정하지 않았거나 목표가 잘못 설정되었기 때문이다.'라고 했다.

목표 설정은 미래를 계획하고 이루도록 노력하게 하며, 그것을 달성하였을 때 기쁨을 맛보게 해준다. 또한 아이로 하여금 주인의식, 성실성, 인내심을 배우게 하고, 더 나아가 자신의 삶에 대한 가치의식도 생각할 수 있게 한다.

농구를 한다고 가정해보자. 승부를 가리지 않고 농구를 한다면 성취감과 재미가 있겠는가? 농구 골대에 더 많은 공을 넣겠다는 목표가 있어야 좀 더 집중하고 정확하게 공을 던질 것이다. 이와 같이 목표 설정은 자신이 원하는 바를 얻을 수 있도록 도전하게 하는 방법이다.

헨리 포드(Henry Ford)는 '할 수 있다고 생각하면 할 수 있고, 할 수 없다고 생각하면 할 수 없다.'고 했다. 목표를 설정하면 자신이 원하는 것이 무엇이고, 원하는 것을 이루기 위해 어떤 노력을 해야 하는지를 생각하게 된다. 목표 설정은 인생의 우선순위와 핵심적인 가치관을 생각하게 하고, 미래에 이루고자 하는 것을 달성하기 위해 노력해야 할 것을 명확히 알게 해준다. 그러나 아무런 변화 없이 매일이 반복된다면 미래는 어떤 모습일까?

성공이란 자신의 비전을 향한 목표를 단계적으로 성취해 가는 과정이다. 목표는 꿈과 현실을 이어주는 다리와 같은 역할을 한다. 강이 흐르는데 다리가 없다면 강을 건너는 데 더 많은 노력과 시간이 소요될 것이다.

목표는 또한 욕구를 일으키고 행동하게 하는 강력한 힘이 있다. 목표를 설정하는 것은 공상이나 몽상이 아니다. 그래서 목표는 합리적이며 도달이 가능하게끔 설정해야 한다.

목표를 세우면 계획이 머릿속에서만 머무르지 않고 행동으로 옮겨질 수 있는 계기가 만들어진다. 목표가 없다면 시간이 흘러가는 대로 살아가게 된다. 어떤 사람은 목표가 없이도 잘 살고 있는데, 새삼 무슨 목표를 설정할 필요가 있느냐고 생각할 수도 있다.

그러나 목표가 있으면 동기 부여와 열정이 생기고 매사를 쉽게 포기하지 않는다. 그리하여 성취감을 즐기며 생활할 수 있다.

심리학자들은 목표를 설정하는 데 규칙이 있다고 조언한다. 목표는 SMART의 원칙에 따라 구체적이고(Specific), 측정 가능하며(Measurable), 행동 중심적이고(Action-oriented), 현실적(Realistic)이어야 하고, 달성 시한(Time)이 정해져 있어야 한다. 그렇지 않으면 이루기 힘들기 때문이다. 이해를 돕기 위해 이에 관한 예시를 들어 보자.

첫째, 목표는 구체적이어야 한다.

예를 들어, 넓은 집으로 이사 가고 싶다, 좋은 차를 타고 싶다, 우리 아이를 건강하게 키우겠다고 하는 것은 구체적인 목표가 아니다. 적어도 목표는 "필수 영양소가 골고루 들어간 균형 잡힌 식단을 짜서 아이가 잘 먹는 요리를 개발하여 만들겠다." 정도로 구체적이어야 한다.

막연히 넓은 집에 살고 싶다라고 할 것이 아니라, 50평에 살고 싶은지, 100평 아파트에 살고 싶은지, 아니면 넓은 마당에 정원과 작은 연못과 정자도 있어 담소를 나눌 수 있는 집에 살고 싶은지 자세한 것까지 정해본다. 더 구체적으로는 지하 1층에 홈바를 설치하고 노래방기기, 피아노, 기타, 드럼 등 악기를 들여놓고, 영화를 감상할 수 있는 스크린도 설치하며, 계단식으로 편안한 의자도 설치한다고 적어본다.

1층은 지인들이 와서 머무를 수 있는 공간으로 사용하고, 2층은 편하게 책도 읽고 바깥 풍경도 감상할 수 있는 서재 등으로 꾸밀 것이라는 계획 등을 구체적으로 써본다.

둘째, 목표는 측정 가능해야 한다.

"자상한 부모가 되겠다." 보다는 "아이의 관심사에 대해 하루 한 가지씩 이야기한다." 혹은 "하루에 한 번씩은 꼭 껴안아주며 사랑한다고 말한다." 등을 목표로 정한다. 오늘의 할 일에 작고 구체적인 목표를 적어 놓으면 실행여부를 점검하기 쉽다.

"아이 교육에 연구, 노력하겠다."고 하기보다 "아이 교육에 필요한 신문을 스크랩하고, 유익한 정보를 인터넷에서 찾아 제공한다.", "날씬해지겠다." 보다는 "체중은 55kg, 허리는 27인치로 줄인다.", "중국어 실력을 높인다." 보다는 "하루 5개 중국어 문장을 외운다." 등과 같이 측정이 가능한 목표를 세운다.

셋째, 목표는 행동 중심적이어야 한다. 예를 들면, "친절한 사람이 된다." 보다는 "밝은 미소로 사람들에게 인사한다.", "남을 배려한다." 보다는 "전철에서 자리가 나면 양보한다."고 하는 것이 바람직하다. 목표를 대인 관계 개선으로 정한다면 "하루에 지인 5명에게 이메일 한 통씩 보내기, 3명 이상과 안부 전화하기"와 같은 식으로 정하면 된다.

넷째, 목표는 현실적이어야 한다. 가정 형편이 힘든데도 "아이를 어학연수 보낸다."고 하기보다는 "아이와 매일 영어 테이프를 30분 이상씩 듣는다."라는 목표를 정한다. 시간을 낼 수 없는 사람이 살을 빼기 위해 "주말에 골프와 테니스를 한다."라고 목표를 세운다면 실천 가능성이 적다. 차라리 "출퇴근할 때마다 계단으로 다닌다.", "버스 한 정거장 전에 내려 목적지까지 걸어간다."고 하면 훨씬 실현 가능성이 클 것이다.

일 년에 책을 한 권도 읽지 않는 사람이 매일 한 시간씩 독서를 한다고 하거나, 운동을 하지 않던 사람이 하루에 한 시간씩 운동을 하겠다고 하는 것은 목표 달성이 힘들 수 있다. 그러므로 처음 시작할 때는 책은 5페이지, 운동은 5분 정도 매일 늘려나가는 것을 목표로 정하고 점검하는 것이 바람직하다. 그리고 운동은 어떤 종목을 할지도 미리 정해놓아야 한다.

다섯째, 달성 시한이 정해져야 한다. "나도 언젠가는 일을 갖겠다."가 아니라 "일 년 안에 꽃가게를 열겠다.", "수영을 열심히 하겠다." 보다는 "연말까지는 접영을 완벽하게 배우겠다.", "가능한 한 빨리 해외여행을 떠나겠다." 보다는 "내년 여름에는 하와이를 가족과 함께 다녀오겠다."라고 목표를 세운다. 목표를 이루려면 열정과 끈기 그리고 미루지 않고 지금 바로 실행하는 추진력과 확고한 달성 의지가 있어야 한다.

목표 설정 원칙 다섯 가지를 모두 충족하는 목표 설정의 예를 들어보자. 아이가 우등생이 되겠다고 다짐했다고 하자. 그리고 "전교에서 상위 10% 안에 든다."라고 했다면 측정할 수 있는 목표를 세운 것이다. "매일 예습 한 시간, 복습 한 시간은 꼭 한다."고 했다면 행동하는 목표를 정한 것이며, "평균 90점 이상 맞는다."고 했다면 실현 가능한 현실적인 목표를 세운 것이다. 원래 점수가 낮다면 목표 점수를 더 낮게 잡을 수도 있을 것이다. 1학기까지 이상 작성한

사회 구성원별 목표 설정 실태

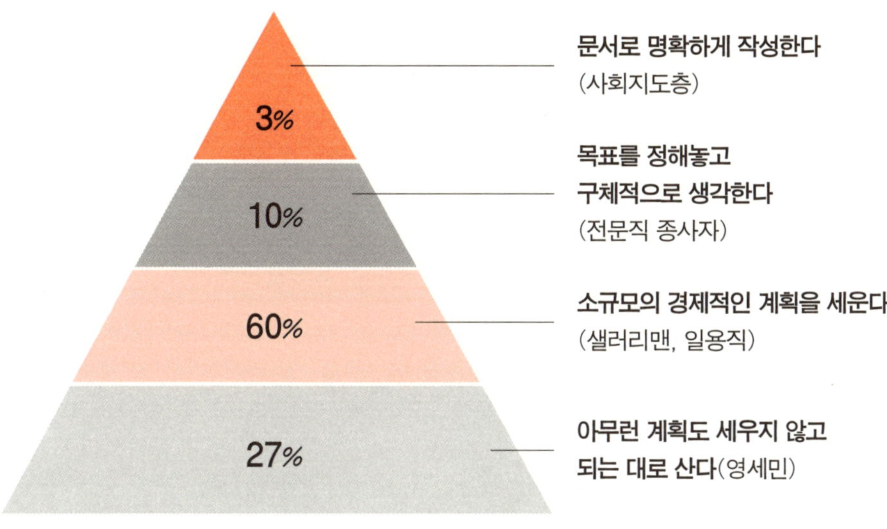

내용을 이룬다고 하면 마감 시간이 있는 목표를 정한 것이다.

아이가 어릴수록 구체적인 목표를 세워 행동으로 옮길 때 더 세분화하도록 한다. 이를테면, 목표가 "자기 일 스스로 하기"라면 "공책, 책, 준비물 등을 구체적으로 점검하여 책가방 챙기기", 목표가 "방을 정리, 정돈하기"라면 "장난감 제자리에 놓기, 휴지는 휴지통에 넣기" 등으로 세분화시킨다.

성공을 위한 목표 달성에 우선순위를 정하도록 하라

성공한 사람들은 목표를 세우되, 중요하게 생각하는 항목을 우선순위로 정한다. 아이들에게 자신이 작성한 꿈의 목록을 참고하여 가장 우선적으로 달성하고 싶은 것을 목표로 정하게 하자. 그리고 목표를 오늘의 할 일에 옮겨 적은 후 눈에 잘 띄는 곳에 붙인 다음 실행 여부를 꼭 확인하게 한다.

부모는 아이가 자신이 정한 목표에 도달할 수 있도록 피드백을 해주어야 한다. 아이로 하여금 목표 도달 후의 상황과 성취감에 대해서 상상해보게 하여 목표 달성을 포기하지 않도록 하는 것도 중요하다. 아이가 자신이 세운 목표를 읽고 그 목표를 또렷하게 상상하는 연습을 하고, 달성되었을 때 느낌 등을 생각하고 말하게 하자.

목표가 습관화되기까지는 구체적으로 피드백을 해야 하고, 목표가 계획대로 진행되었는지 매일 평가해야 한다. 평가한 후에는 잘못된 점을 구체적으로 다시 생각하고, 반드시 생각을 정리하여 글로 구체화하도록 해야 한다.

아무리 잘 만든 목표라고 하여도 실행하지 않으면 무용지물이다. 목표를 실행하였으면 격려와 칭찬을 해주자. 1주일 단위로 성공 축하 파티를 열어주는 것도 좋다.

많은 사람들이 목표를 설정하지 않는 이유는 나약한 자신감과 두려움과 무책임 때문이다. 실패에 대한 두려움이 있는 사람은 실패를 모면하기 위해 목표를 설정하지 않거나, 도달할 수 없는 목표를 세워놓고 자신을 합리화한다. "나 아닌 누구라도 할 수 없어."라고 말이다. 성취동기가 낮은 사람은 실패에 대한 두려움을 갖고 살아가며, 목표도 도전 의식도 없다. 그러나 성취동기가 높은 사람은 목표를 세우고 실패하면 원인을 분석하고 탐구한다. 자기 능력을 인정하며 열심히 노력하면 성공할 수 있다는 확신을 갖고 살아간다.

아이를 둔 사람이라면 어떤 부모가 되고 싶은지 목표가 있을 것이다. 우리 부모도 목표를 세우고 실행했을 때와 실행하지 않았을 때 어떻게 해야 할지 나름대로 규칙을 만들어보자. 목표 달성 여부에 따라 자신에게 내릴 보상과 처벌에 대한 규칙도 정하자.

부모들도 자신이 세운 목표를 얼마나 달성하고 있는지 매일 점검해보아야 한다. 오늘의 할 일이라는 항목에 "맛있는 야채 반찬 만들기, 아이에게 미소 지으며 친절하게 말하기, 아이에게 칭찬 한 가지 이상 하기, 취침 전 아이 머리맡에서 시각화하기, 아이를 꼭 안아주

기, 적극적인 경청하기" 등의 항목을 적은 후 실행 여부를 매일 점검
하면 반성의 시간을 가질 수 있고, 각오를 새롭게 다짐하여 내일 한
번 더 자신의 목표를 생각하게 될 것이다.

오늘의 할 일에 너무 많은 항목을 정하면 달성하기 어려울 것이
다. 두 가지 정도로 항목을 제한하고, 그것이 습관화가 되면 차츰 늘
려나가도록 한다. 목표를 세우고 훈련하면 과거보다는 현재 모습이
훨씬 만족스럽게 변한다. 물론 계속 목표를 설정하고 노력한다면 아
이와의 관계도 성공적으로 될 것이다.

습관의 형성 단계는 결심하는 것부터 시작이 된다. 한 번 목표를
정했으면 예외를 인정해서는 안 된다. 오늘은 피곤하니까, 내일은
약속이 있어서……. 이런 식으로 자기 합리화를 하다보면 목표는 물
거품이 되고 만다. 목표로 세운 것을 주변 사람에게 말하여 새로운
자신의 모습을 시각화해 보고 확인하고 점검해야 한다.

뚜렷한 목표는 목표를 달성하게 하고 시간을 단축하는 효과가 있
다. 중국, 한국, 일본에서 자생하는 모죽이라는 대나무는 주변 환경
이 아무리 좋아도 심은 지 5년이 지나도록 전혀 자라지 않는다고 한
다. 그러나 그렇게 5년이라는 준비 기간을 보내고 난 뒤에는 갑자기
하루에 70cm씩 쑥쑥 자란다고 한다. 6주 동안 하루도 쉬지 않고 자
라서 나중에는 그 키가 무려 30m나 된다고 한다.

이와 같이 모든 결과는 그동안 준비해온 노력의 산물이다. 보이는
것이 전부는 아니다. 목표를 점검하며 습관해 나간다면 당장은 눈에
띄는 큰 성과가 없을지라도 어느 정도 시간이 흐르면 성공이라는 문
앞에 성큼 다가가 있을 것이다.

오늘 내가 해야 할 일(예)

날짜 :　　　.　　.　　.

우선순위		실행 여부
1	나는 매일 저녁 7시에 아이와 함께 하루에 가장 재미 있었던 일을 서로 이야기한다.	
2	나는 매일 취침 전에 아이와 함께 꿈을 시각화한다.	
3	나는 매일 사랑의 기대 메모를 써서 아이에게 준다.	
4	나는 매일 영어 공부를 30분씩 한다.	
5	나는 매일 오늘의 할 일을 적는다.	
6	나는 가족의 발을 마사지 해준다.	
7	나는 매일 공복에 물을 한 잔 이상 마신다.	
8	나는 매일 30분 이상 운동을 한다.	
9	나는 매일 아침에 일어나면 가족에게 반갑게 인사한다.	
10	나는 매일 신문을 10분 이상 읽는다.	
11		
12		
13		
14		
15		
16		

나는 오늘 하기로 한 행동 가운데 __________ 가지를 성취했다.

오늘 내가 해야 할 일

날짜 :　　　.　　.　　.

우선순위		실행 여부
1		
2		
3		
4		
5		
6		
7		
8		
9		
10		
11		
12		
13		
14		
15		
16		
17		

나는 오늘 하기로 한 행동 가운데 __________ 가지를 성취했다.

꿈을 간직하고 가능성에 도전하게 하라

사람들은 자신이 좋아하는 일을 하면서 살기 바란다. 좋아하는 일을 하면 그만큼 열심히 하게 된다. 열정이 생기고 재능을 발휘하며 신바람이 나서 결국 인정받게 된다. 나아가 전문가가 되어 원하는 명예와 부도 얻을 수 있을 것이다. 또한 자신이 좋아하는 직업을 가진 사람은 행복할 것이다.

그러나 일상은 하고 싶은 일보다 해야 하는 일들로 가득 차 있고, 대부분 사람들은 하고 싶지 않은 일을 하면서 돈을 벌며 살아가고 있다. 일이 즐겁지 않으면 스트레스가 쌓이게 된다. 부모는 아이가 좋아하고 잘하는 것을 찾아주고, 재능이 직업으로 연결될 수 있게 물꼬를 터주어야 한다. 성공한 이들은 자신이 좋아하는 일을 열정적으로 했더니 어느 날 남들이 자신을 보고 성공한 사람이라 부르더라고 말한다.

꿈은 미래에 대해 기대하게 하고, 앞으로 다가 올 삶의 질을 결정한다. 그러나 많은 사람들이 자신의 꿈이 무엇인지, 진정으로 원하는 것이 무엇인지도 모른 채 살아가고 있다. 변화가 두려워 꿈꾸기를 포기하고 있는지도 모른다.

그러나 자신이 진정으로 이루기 원하는 욕구를 발견하고 능력을 개발한다면 자신이 그토록 꿈꾸어온 행복하고 보람된 인생을 살 수도 있다. 그렇지 않다면 하루하루를 시간의 흐름 속에 쫓겨 살아갈 수밖에 없다.

부모들은 아이가 지금 하고 있는 것이 매우 즐거워서 행복하다고 말하기를 기대한다. 삶이란 자신이 그리는 그림이다. 오늘은 어제의 결과이므로, 자신이 원하는 삶을 지금 살고 있지 않다면 아직 준비가 덜 되어서일 것이다.

오늘 우리는 내일을 준비해야 한다. 자신이 진정으로 원하고 꿈꾸어온 온 삶을 계획해야 한다.

자신이 진정으로 원하는 삶이란 무엇인지 적어보자. 우선 꿈을 적어보자. 그래야만 재능도 발견할 수가 있다. 명확한 꿈을 가진 사람은 어떠한 역경도 이겨낼 수 있다. 꿈은 나아갈 방향을 알려주는 신비로운 나침반이다.

꿈은 또한 씨앗이다. 그 씨앗을 뿌리면 열매를 맺어 수확의 기쁨을 누릴 수 있다.

꿈은 가슴에서 가슴으로 전파되는 희망의 불씨이며, 불가능해보이는 것을 가능하게 하는 힘의 원천이다. 빌게이츠의 비전은 '세계의 모든 가정, 모든 책상 위에 컴퓨터를…….'이었고, J. F 케네디의 비전은 '1960년대 말까지 인류를 달 위에 서게 하라.'였으며, 스텐포드 대학의 비전은 '서부의 하버드가 되자.'였다고 한다. 당시 그들의 꿈을 듣고 가능하다 믿었던 사람들이 있었을까 생각해본다. 그러나 지금은 그 꿈이 열매가 되어 많은 사람의 삶을 풍성하게 해주고 있다.

아이를 체념의 사슬에서 벗어나게 하라

여러분의 꿈은 무엇인가? 그리고 아이의 꿈은 무엇일까? 자신은 물론 아이가 가장 좋아하며 잘할 수 있는 그 무엇인가와 사랑에 빠지게 하자. 비전이 없다면 체념의 사슬에 묶인 서커스 코끼리이며, 분재 소나무 같은 정신적 난쟁이이다. 비전을 상실하면 쇠사슬보다 더 무서운 마음의 사슬에 묶이게 된다.

서커스를 보면 코끼리가 작은 나무막대에 사슬로 묶여있는 것을 구경할 수 있다. 그러나 그 코끼리는 도망할 생각을 하지 않는다.

물론 처음에는 그 코끼리도 도망치려고 노력했었다. 또한 코끼리를 묶은 것은 나무막대가 아니라 쇠 말뚝이었다. 그 아기 코끼리는 온힘을 다해 발버둥을 쳐보아도 도망을 갈 수가 없었다.

코끼리가 성장함에 따라 코끼리를 묶어둔 쇠 말뚝도 더 굵은 것으로 교체되었다. 그때까지만 해도 코끼리는 죽을 힘을 다해 발버둥도 쳐보고 도망가려고 노력을 했었다.

그러던 어느 순간 코끼리는 모든 것을 포기했다. '나도 노력해봤어. 그런데 도망갈 수가 없어. 내 발목에 있는 사슬이 말뚝에 묶여 있는 이상 난 도망갈 수가 없어.' 코끼리는 결국 체념의 사슬에, 관념의 사슬에 묶여버리고 만다.

그렇게 체념의 사슬에 묶일 때쯤 조련사는 쇠 말뚝을 작은 나무 말뚝으로 교체한다. 이제는 도망을 갈 수 있지만, 코끼리는 도망갈 생각을 하지 않는다. '나도 해봤어. 그런데 안 돼.' 하고 이미 삶을 포기해버렸기 때문이다.

우리의 삶도 이러하지 않는가? 많은 사람들이 물리적인 사슬이 아니라 마음속에 있는 체념의 사슬에 묶여있다. 사람에게는 무한한 능력과 가능성이 잠재되어 있으나, 어린 시절부터 체념의 사슬에 묶인 채 주어진 환경에 안주하며 하루하루를 보내고 있는 이가 많은 것이 현실이다. 마음의 사슬은 몇 번의 실수나 실패 또는 여러 가지 사회적인 제도나 관행에 부딪혀 좌절한 경험 등이 만들어낸다.

부정적인 체념의 사슬이 마음속에 조금이라도 있다면 과감히 끊어버리자. 부정적 자아개념은 심리적인 불안감과 세상에 대한 부정적 감정과 삶에 대한 의욕상실로 이어진다. 자아개념이 부정적인 사람은 자신의 생각을 주장하기 두려워하며, 남의 눈치를 보므로, 자신의 삶을 주도적으로 살지 못하고 타인에 의해 의존적으로 살아가게 된다.

자아개념은 마음이 그려내는 자화상이며, 사고와 행동의 원천인 동시에 바탕이 된다. 아이로 하여금 마음속에 있는 체념의 사슬, 관념의 사슬을 과감히 끊어버리고 새로운 꿈을 꾸게 하자.

성공은 어릴 때 좋은 습관의 결과라는 것을 각인시켜라

사람들은 누구나 성공하고 싶어한다. 진정한 성공이란 과연 무엇이라 표현해야 할까?

사전적인 표현은 목적이나 뜻을 이룸이라고 되어 있다. 이것을 풀어 이야기하면 개개인의 의미 있는 목표를 점진적으로 실현하는 것이다. 필자는 성공이란 자신이 하고 싶은 일을 하면서 행복하게 사는 것이라고 말하고 싶다.

성공은 꿈의 실현이다. 자신이 하고 싶고, 되고 싶고, 갖고 싶은 것을 다 달성하면 성공한 삶이라고 할 수 있을 것이다. 성공의 개념은 개개인의 욕구가 다르므로 사람마다 다를 수 있다. 어떤 이는 "성공은 자주 그리고 많이 웃는 것이다.", "자신이 좋아하는 것을 할 수

있고 자신이 생각하고 있는 가치 있는 일을 점진적으로 실현하는 것
이 성공이다."라고 말했다. 그렇다면 사회적으로 말하는 일반 성공
이 아닌 진정으로 자신이 바라는 성공은 무엇인가?

성공한 삶을 살고 있다고 말하려면 몸이 건강하고, 경제적으로 안
정되며, 가정이 화목하고, 좋아하는 일을 하며, 사회적으로 원만한
인간관계를 유지해야 하지 않을까 생각한다. 특히 이 모든 것을 다
가졌다 하더라도 마음에 평화가 없다면 성공하였다고 할 수 없을 것
이다.

성공은 꿈꾸는 데서부터 시작된다. "당신의 꿈만큼 당신은 성공할
수 있다."는 광고 문구도 있다.

사람은 누구나 꿈을 동력으로 하여 살아간다. 꿈이 없으면 깜깜한
밤에 등대도 없이 항해하는 것과 같다. 그러면 결국 지향점도 없이
표류하고 말 것이다.

우리는 뗏목 인생이 아닌 모터보트 인생을 살아야 한다. 뗏목처럼
바람에 의존하여 흘러가지 않고 모터보트처럼 가고자 하는 방향으
로 조정하여 갈 수 있는 인생 말이다. 삶의 주인공은 바로 나이기 때
문이다.

꿈이 선명할수록 삶에 대한 더 강한 자극제가 되고 희망을 불어넣
는 계기가 만들어진다. 최고의 자동차라도 휘발유가 없으면 무용지
물이 된다. 자동차를 움직이는 데 필요한 것이 연료라면 사람을 움
직이는 데 필요한 것은 꿈이다.

꿈이 있어야 열정이 생기고, 꿈이 없다면 희망이 사라진다. 긍정
이 넘치는 곳에 열정도 따라 온다. 긍정은 열정을 지탱하는 주춧돌

과 같다. 열정(熱情)이란 한자를 풀어보면 어떤 일에 대한 뜨거운 마음이다. 성공한 사람들이 가진 가장 큰 특징은 구체적인 비전, 열정, 좋은 습관이 있다는 것이다.

왜 사느냐, 꿈은 무엇이며, 무엇을 위해 사느냐, 지금까지 삶이 후회스럽지 않느냐고 누군가가 질문한다면 무엇이라 답할지 생각해본 적이 있는가? 없다면 지금부터 생각해보자.

성공은 운명이나 우연이 아니다. 교육도 그러하지만 성공도 과학이다. 꿈을 키우고 그것을 행동으로 성취하는 것이다. 즉, 태도와 습관으로 만들어지는 결과이다.

성공하는 사람들은 어릴 때부터 만들어지며, 성공인의 태도와 습관은 어릴 때부터 형성된다는 것을 아이에게 각인시켜라.

삶의 성취 진단

(부모용)

진정으로 몸과 마음이 만족스럽고 평화로운 상태가 되려면 자신의 삶을 정비해볼 필요가 있다.

0과 10 사이를 점으로 찍고 선으로 연결해보자. 이어진 동그라미가 크고 작은 것은 욕구가 얼마나 강한가의 차이이다. 욕구가 작은 사람은 동그라미가 작고, 욕구가 큰 사람은 동그라미가 클 수도 있다. 중요한 것은 어느 한쪽이 찌그러져서는 안 된다는 것이다.

균형적인 삶은 동그라미가 동그랗게 나와야 한다. 찌그러진 부분은 자신이 만족하지 못한 부분일 것이다. 진단을 통해 만족하지 못한 분야를 알게 됨으로써 목표의 우선순위를 정할 수 있다.

꿈의 목록을 통해 목표의 우선순위를 적어보고, 목표를 세워 균형적인 삶으로 만들자.

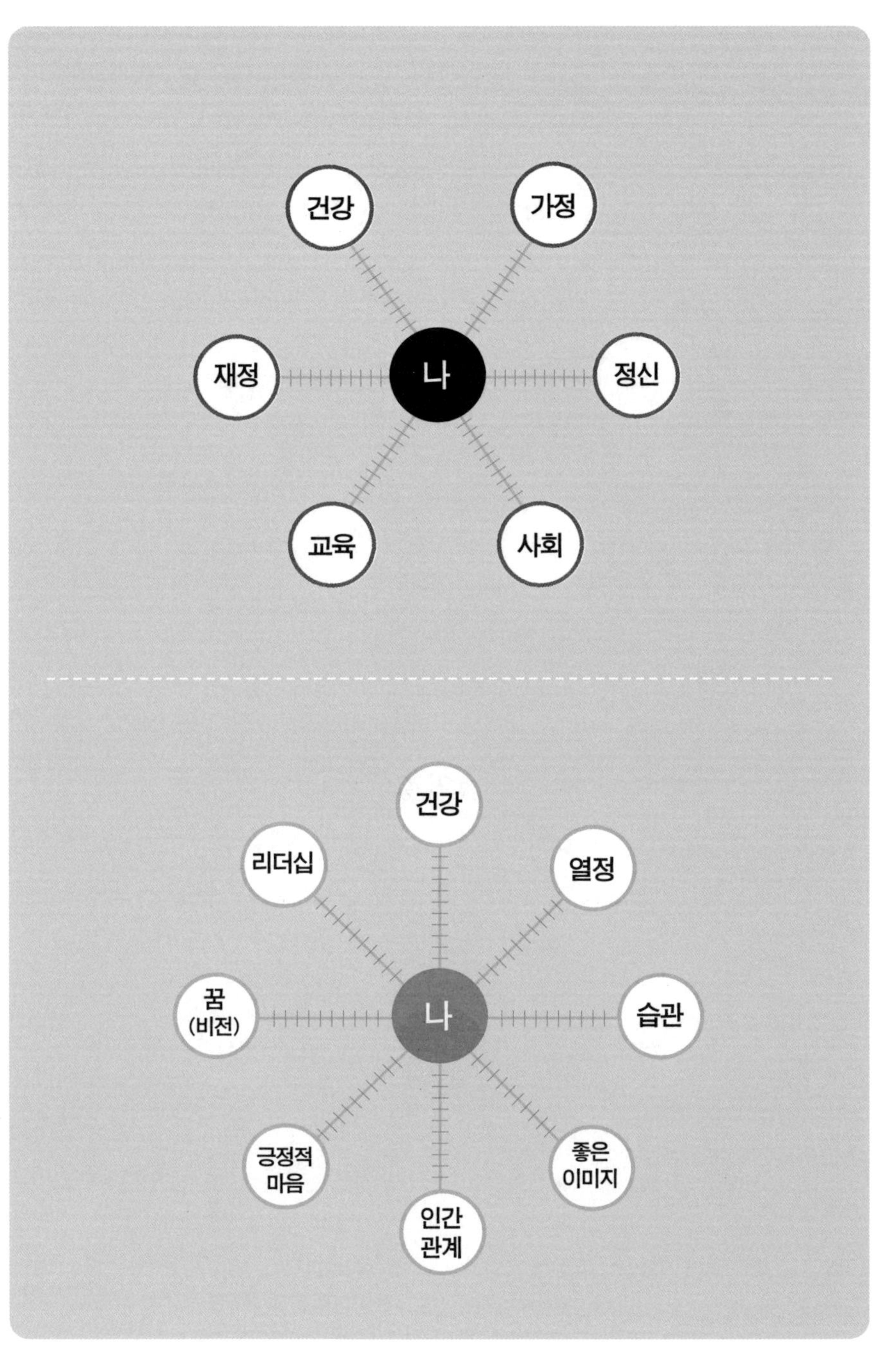
건강
가정
재정
나
정신
교육
사회
건강
리더십
열정
꿈
(비전)
나
습관
긍정적
마음
좋은
이미지
인간
관계

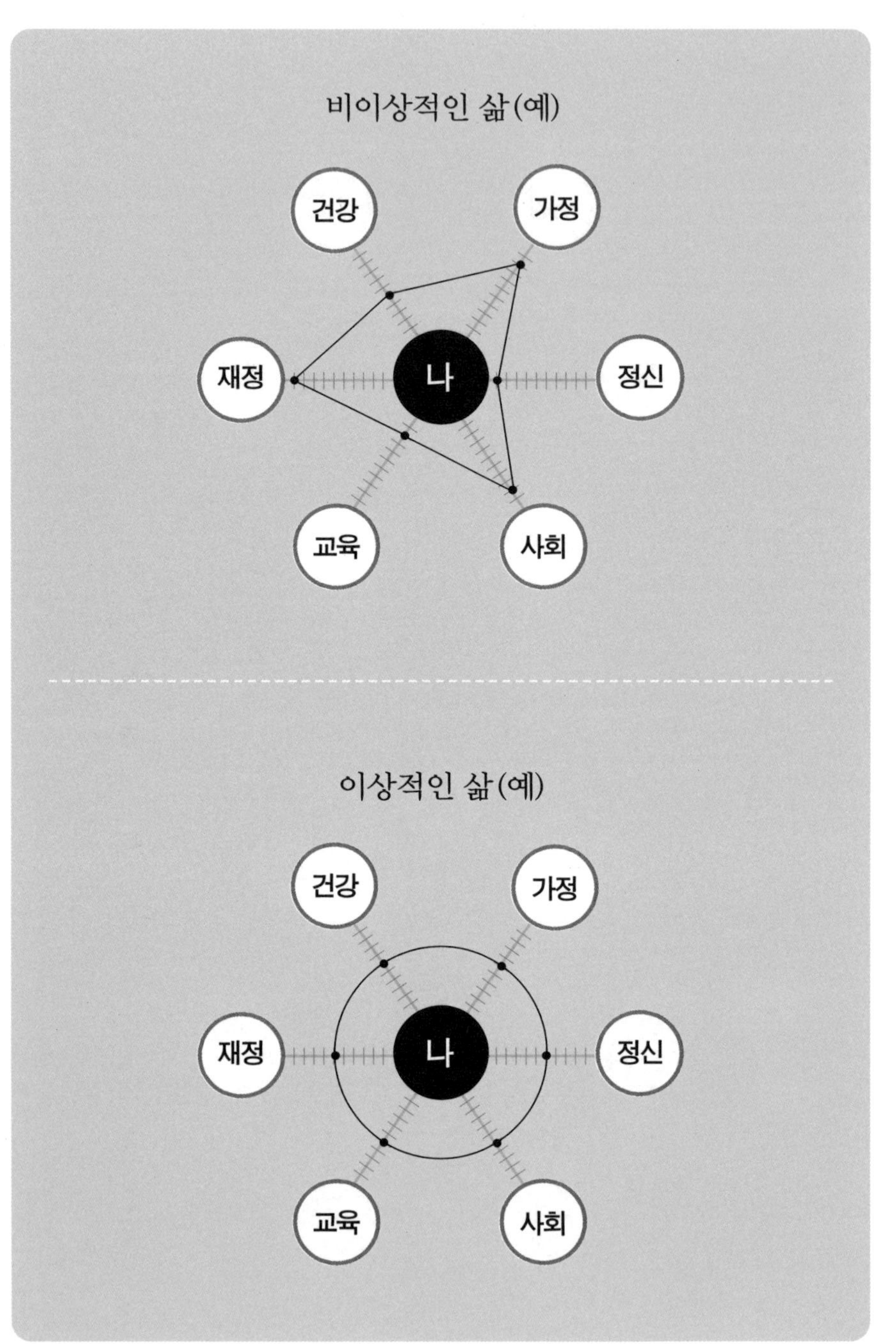

비이상적인 삶(예)
건강
가정
재정
나
정신
교육
사회
이상적인 삶(예)
건강
가정
재정
나
정신
교육
사회

아이가 삶의 주체가 되도록 미래의 청사진을 그리게 하라

자신이 바라는 꿈의 목록을 적어보는 것은 성공의 시작 단계라고 할 수 있다. 성공을 꿈꾸는 사람이라면 성취해야 할 꿈과 목표가 있어야 한다. 아이가 원하는 것을 구체적으로 자세하게 목록에 적어보게 하자.

동기 부여의 85% 이상은 자신이 기대하는 결과 또는 이루고 싶은 일에 의해 결정된다고 한다. 바라는 것이 분명하면 할수록 그것을 달성하기 위해 점점 더 강한 동기를 부여받고 결심을 굳히게 된다. 최고로 즐겁게 살고 싶다면 미치도록 열렬히 갈망하는 꿈을 가져야 한다고 한다.

최고의 성과를 만들어내는 사람들의 공통점은 열렬히 갈망하는 꿈이 있다는 것이다. 이루면 좋고 이루지 않아도 그만인 그런 꿈이 아닌, 미치도록 열렬히 갈망하는 꿈 말이다.

꼭 이루고 싶은 강렬한 꿈이 있으면 즐거운 기적이 일어난다. 이 것은 필자도 체험해 보았기에 자신 있게 말할 수 있다. 그래서 꿈의 목록을 작성하는 일이 자신이 원하는 삶을 가져 준다는 것을 필자는 확신한다. 목표를 글로 정리하고 성공한 후의 모습을 항상 영상화하 다보니 원하는 삶이 하나하나 필자에게 다가왔다. 불가능해보이던 일들도 적어보고 사력을 다해 노력하니 결과는 항상 꿈을 실현하고 있었다.

일생 동안 이루어야 할 꿈의 목록을 시간적인 여유를 갖고 적어보 자. 많은 사람들에게 꿈의 목록을 적어보라 하면 일사천리로 적는 이도 있지만, 대부분 사람들은 10개 정도 적고 고민한다. 그러나 그 들도 "꿈이 많죠?" 라고 질문하면 "네." 라고 대답한다.

생각은 많아도 막상 글로 적는 것은 쉽지가 않다. 그래서 제안을 하고 싶다. 하루에 2개씩만 자신의 꿈을 적어보는 거다. 한 달이면 60개, 두 달이면 120개가 된다. 중요한 것은 메모지를 가지고 다니 면서 생각날 때마다 기록해두었다가 옮겨 적어보자.

꿈이 많은 부모가 꿈이 많은 아이를 만든다. 부모가 꿈의 목록을 적어보아야 아이들에게도 지도할 수 있다. 꿈이 많은 부모가 꿈이 많은 아이를 만드는 것은 그동안 워크숍을 통해서도 통계로 확인할 수 있었다.

꿈은 성공뿐만 아니라 즐거움을 준다. 필자는 생각을 정리해 놓고 보면 '나에게도 이런 욕구가 있었구나.' 하고 새삼 놀랄 때가 많다.

삶의 주체는 바로 나 자신이며, 자신이 삶의 주체가 될 때 꿈꾸는 삶을 살 수 있다. 원하는 삶을 살기 위해서는 소망과 꿈을 가슴에 묻어두고 머릿속으로만 생각하지 말고 그것을 밝은 곳으로 펼쳐야 한다.

현실의 제약을 생각하지 말고 상상 속에서만 머물던 모든 것을 꿈의 목록으로 만들어보자. 꿈의 목록을 작성하는 순간부터 상상력과 도전 정신 그리고 내재된 능력을 활용할 수 있는 자신을 발견할 수 있을 것이다.

물론 의미 있는 인생, 자신이 바라는 인생은 하루아침에 이루어지지 않는다. 꿈을 이루기까지는 고통과 두려움도 따를 것이고, 많은 시간도 걸릴 것이다. 그러나 자신이 진정으로 원하는 것을 상상해보면 꿈을 이룰 수 있다는 믿음을 가질 수 있을 것이다. 때로는 좌절할 때도 있겠지만, 꿈을 생각하면 위안과 용기를 얻고 계속 나아갈 힘을 공급받을 수 있다.

사실 꿈을 꾸는 데도 용기가 필요하다. 이루지 못할 것 같은 두려움 때문에 우리는 가끔 새로운 꿈꾸는 것을 망설이지만, 그런 두려움은 아이에게 스폰지처럼 흡수된다.

괴테는 '꿈을 간직하고 있으면 실현할 때가 반드시 온다.'고 했다. 카메라로 사진을 찍을 때 초점이 맞지 않으면 결과물도 선명하게 나올 수 없다. 분명한 꿈이 없는 인생도 마찬가지이다.

조그마한 빌딩을 건축할 때도 설계도를 그린다. 만약 구체적으로 설계하지 않고 주먹구구식으로 그린다면 많은 시행착오가 있을 것이다. 하물며 평생 동안 삶이라는 집을 짓는데 설계도가 없다면 모래 위에 성을 쌓는 것과 같을 것이다.

미래에 대한 청사진이 완벽하다면 진정으로 꿈꾸어 온 삶이 무엇인지 알 수 있고, 자신의 정체성도 파악할 수 있다. 그러므로 우리는 꿈꾸는 법을 익혀야 한다.

아이에게 자신이 원하는 삶을 구체화하여 적어보게 하자. 어떤 집에서 살고 싶고, 무슨 차를 갖고 싶은가? 여행은 어디로 가고 싶고, 신체적으로 달라지고 싶은 것은 무엇인가? 고치고 싶은 습관, 성격은 무엇이며, 배우고 싶은 것은 무엇인가? 또 미래에 가장 하고 싶은 일은 무엇인가?

많은 사람들이 난관을 겪으면서 자신의 꿈을 잃어버리고 산다. 그러나 꿈은 반드시 꾸어야 한다. '지금 현실에서 이룰 수 있을까?' 하는 나약한 생각은 하지 말라. 물론 아이에게도 나약한 생각은 하지 말도록 해야 한다. 다시 한번 말하지만, 꿈을 꾸는 데도 용기가 필요하다. 아이에게 미래의 청사진을 그리게 하자.

  성취감이 높은 아이로 길러주는 생활 습관

인간의 욕구 5단계
(매슬로의 욕구 5단계 이론)

성공의 시작은 꿈의 목록을
작성하는 것에서 출발함을 알게 하라

모든 아이들은 창의력을 갖고 태어난다. 창의력을 얼마만큼 발휘하게 하느냐, 빼앗느냐 하는 것은 부모의 책임이 크다. 꿈을 찾아주는 것은 아이에게 잠재된 무한한 창의력을 발견하게 하는 계기가 된다.

아이가 창의력을 발휘하게 하려면 아이의 생각을 존중해주는 것이 가장 중요하다. 자신의 생각을 존중받으며 자라난 아이는 자긍심이 강하고, 긍정적 자아상이 성립되며, 욕구 불만이 없어진다.

아이들은 세상 모든 일에 호기심이 많다. 어떤 엄마는 꿈의 목록을 쓰다가 아이와 다투었다고 한다. 필자의 강의를 들은 엄마가 다른 아이들은 꿈의 목록이라는 것을 다 쓰고 있다고 하면서 아이에게도 한번 써보라고 했다. 그랬더니 아이가 투덜거리면서 겨우 2개를 적었다고 한다. 그래서 그 엄마는 다른 아이와 비교하는 말을 하며 아이의 마음을 아프게 했다고 한다. "너와 똑같은 학년인 ○○는 꿈이 50개가 넘더라. 너는 고작 2개밖에 생각이 나질 않니? 그렇게 꿈도 없으니 매일 하는 행동이 그렇지." 그 다음은 상상에 맡기겠다.

아이를 지도하려면 일단 분위기를 만들어야 한다. 종이를 한 장 덜렁 던져주며 꿈의 목록을 적어보라고 하면 잘 할 수 있는 아이는 몇 명 안 될 것이다. 평소에 자신의 꿈을 상상하는 훈련을 하지 않았기 때문이다. 에디슨의 발명도 상상력에서 시작된 것을 생각하면 꿈을 꾼다는 것이 얼마나 위대한 결과를 낳을 수 있는지 짐작할 수 있을 것이다.

다음은 아이가 꿈의 목록을 작성할 수 있도록 부모가 상황을 설정한 장면이다.

다과상을 마련한 엄마는 "너처럼 예쁜 딸을 낳고, 아빠처럼 훌륭한 남편을 만나는 것이 꿈이었어."라고 아이에게 이야기한다. 그리고 "엄마가 평생 이루고 싶은 꿈을 적어봤어."라고 하며 꿈의 목록을 보여준다. "이렇게 많아. 엄마는 정말 부자가 된 것 같아. 보람이는 꿈이 뭐야?" 여기서 중요한 것은 다그치지 않는 것이다. 그리고 아이에게 엄마랑 같이 꿈의 목록을 써보자고 권유한다.

예를 들면, '예쁜 샤프 펜슬을 갖고 싶다.'는 사소한 것부터 '노벨 물리학상을 받고 싶다.'는 원대한 꿈까지 아이와 같이 작성해본다. 아이의 꿈이 부모의 마음에 들지 않는다고 반박하거나 질책하면 아이가 다시는 자신의 생각을 말하지 않게 되므로 주의한다. 지금부터는 이와 같은 방법으로 아이의 생각을 알 수 있는 시간을 자주 가져 보자.

다음 사례를 들어보자. 필자의 강의를 들은 한 엄마가 아이에게 꿈의 목록을 작성하게 하였다. 아이는 자신의 꿈을 편지 형식으로 써 내려갔다.

"난 꿈이 없다. 엄마의 꿈이 내 꿈이다. 그렇지만 난 로봇이 아니다. 난 엄마의 잔소리가 지긋지긋하다. 엄마가 정말 싫다. 난 자유롭고 싶다. (이하 생략)"

아이 엄마가 대성통곡하며 필자에게 전화했다. 이 엄마는, 초등학교 4학년 회장이며 모범생인 아이만 보면 행복했다. 그런데 아이의 마음은 지옥이었다.

이와 같이 아이의 꿈을 알아보면 아이의 잠재적 사고를 알 수 있는 계기가 된다. 만일 아이의 생각을 모르고 시간이 흐른다면 부모와 아이가 서로에게 상처를 줄 수밖에 없을 것이다. 극단적일 경우 요즘 신문에 가끔 소개되는 패륜 사건의 주인공이 될 수도 있을 것이다. 아이가 패륜아가 되는 것은 부모의 탓이 가장 크다고 할 수 있다. 아이를 인격을 가진 한 독립체로 보고 성숙한 인간이 되기까지 정신적·물질적 지주가 되어주지 못했기 때문이다.

아이들이 작성한 꿈의 목록을 보면 예쁘고 앙증맞은 생각도 많다. 치즈를 먹고 학교에 가고 싶다, 능력 있는 남자가 되어 섹시한 여자와 결혼하고 싶다, 공부를 잘하여 부모님을 기쁘게 해드리고 싶다 등.

그런데 아이들의 꿈의 목록에 하나같이 첫 번째로 들어가는 것이 있다. 그것은 바로 공부를 잘하는 것이다. 그런데 부모님에게 보여줄 꿈의 목록에는 그 항목을 빼버리는 것을 종종 볼 수 있다. 이유를 물어보면 한결같다. 괜히 썼다가 혼나고 싶지 않기 때문이라고 한다.

아이들이 공부를 잘하고 싶다고 꿈의 목록에 적어 가면 부모들이 처음에는 흐뭇해 한다. 그러나 조금만 지나면 말끝마다 "공부 잘하고 싶다면서!", "매일 그렇게 컴퓨터나 하고 놀기나 하면 공부를 어떻게 잘할 수 있는지 궁금하다."는 등 빈정거리며 아이에게 상처주는 말을 자신도 모르게 하게 된다. 아이도 이제는 그러한 부모의 심리를 잘 알기 때문에 혼날 일은 아예 만들려 하지 않는다. 이 얼마나 슬픈 현실인가?

이제는 아이의 꿈을 알아보고, 그 꿈을 실현할 수 있도록 도와주는 부모가 되자. 생각을 글로 쓴다는 것이 결코 쉽지 않다는 것을 고려하며, 아이가 목록을 작성하지 못해도 격려해주는 것이 중요하다. 그리고 일단 적어보게 한다.

성공한 사람들은 자신의 생각을 구체화하여 항상 기록했다. 부모가 생각하지 않은 꿈, 부모가 보기에는 말도 되지 않는 꿈을 아이가 적을 수도 있다. 그러나 그것도 인정해주어야 한다. 라이트 형제는 날아가는 새를 바라보며 인간의 비행을 꿈꾸었고 또 이루어서 인류사에 한 획을 그었다. 에디슨의 경우도 비슷하다.

우리 어른들이 상상할 수 없는 일들을 아이들은 생각하곤 한다.
그때마다 격려해주는 부모가 있는가 하면 핀잔을 주는 부모도 있다.
실제로 어떤 아이가 하늘을 날고 싶다고 적었다가 부모에게 혼이 난
적이 있다. "네가 도대체 몇 살인데 생각하는 것마다 이 모양이니?
너 바보 아니니?"

아이들의 생각을 인정해주고 격려해주자. 우리는 우리가 생각하
고 보았던 것 이상을 상상하지 않는다. 그러나 아이들의 창의력은
무한하다.

부모의 작은 생각의 그릇 속에 아이를 가두어 놓지 말자. 시간적
여유를 갖고 꿈을 적으라고 해보자. 하루 한 가지 이상씩 비교적 쉽
게 이룰 수 있는 것부터 작성하게 하고, 성취했을 때는 축하하는 말

을 잊지 않고 선물도 준다면 아이는 더욱더 신이 나서 꿈을 이루려 할 것이다.

어떤 소망이든지 마음속에 떠오르는 것을 목록에 적게 해보자. "네가 그런 일을 할 수 있을까?" 등과 같은 능력에 제한을 두는 말은 하지 말자.

꿈의 목록을 작성하는 것은 성공을 위한 첫단추이다. 부모 자신도 꿈의 목록을 적어보자. 그리고 나서 아이에게 항상 꿈을 이야기해줄 수 있는 부모가 되자. 아이가 어리면 아직은 자신의 꿈의 목록을 작성할 수 없겠지만, 부모의 영향력은 아이가 성장해 감에 따라 드러나게 된다. 가랑비에 옷 젖듯이 누적 효과가 계속하여 나타날 것이다. 아이가 어릴 때부터 부모가 준비한다면 다른 부모보다 아이 양육에 시행착오를 덜 겪을 것이다.

부모의 리더십이
아이의 성공을 좌우함을 명심하라

청소년들을 대상으로 워크숍을 진행하면서 실험적으로 한 반에 초등학교 5학년부터 고등학교 1학년까지 학생들을 같이 섞어 운영해본 적이 있다. 부모들이 필자의 교육 프로그램을 공부한 사람들이어서 나름대로 생각이 있었다. 결과는 예상한 대로였다.

워크숍에서 얻은 부모의 자료를 토대로 분석해보니 부모의 영향력을 아이들을 통해서 느낄 수 있었다. 아이들은 나이가 어리다고 아무 생각이 없고, 나이가 많다고 해서 많은 생각을 하며 살아가는 것은 아니었다.

워크숍을 진행하다 보면 필자가 사용하는 프로그램을 배워서 아이에게만 접목하려는 부모들이 있다. 부모가 10이 변해야 아이가

100이 변한다고 항상 외쳐도 부모들은 아이만 변화시키려고 한다.

아이들은 은연중에 부모를 닮아가기 마련이므로 부모부터 노력하여 행동을 바꾸어야 한다. '아이는 부모의 거울'이라는 말도 있지 않는가? 아이의 꿈을 키워주려면 부모 자신의 꿈이 많아야 한다.

아이를 성공하는 사람으로 키우는 비결은 아이의 꿈을 알고 확인하고 조정하는 것부터 시작해야 한다. 꿈의 목록을 작성하는 것으로 끝내지 말고, 작은 꿈은 빨리 이룰 수 있도록 도와주어 성취감을 맛보게 해야 더 큰 꿈을 꾸며, 성공인으로 한발 한발 다가가게 할 수 있다.

꿈은 글로 쓸 때 진정한 목표가 되어 행동이 뒤따른다. 꿈이 있는 아이는 똘망똘망한 눈망울로 활기차게 작은 꿈부터 이루어가며 성취감을 맛볼 것이고, 꿈이 없는 아이는 그냥 하루하루를 아무 의미 없이 흘려보낼 것이다. 부모가 끊임없이 공부를 하라고 하지만, 왜 공부를 해야 하는지도 모르는 채 말이다.

부모들은 아이에게 목표를 세워 계속 성취해 나가도록 지도해야 한다. 또한 감시, 감독하는 관리자 역할을 할 것이 아니라 방향성을 제시해주고, 아이에게 강요하지 않고 자연스럽게 따라오도록 리더십을 발휘해야 한다. 아이들이 꿈의 목록을 작성할 뿐 아니라 단계적으로 1년, 5년, 20년 후에 무엇을 할 것인지 목표를 정해놓고 조절해 나가도록 도와주어야 한다. 아이가 자신이 좋아하는 일을 하며 성취감을 맛본다면 그것이 바로 부모와 아이가 함께 성공하는 것이 아니겠는가?

요즈음 아이들은 꿈이 없다고 많은 현직 교사들이 말을 한다. 그 원인은 부모가 아이의 꿈을 찾아주지 않아서가 아닐까? 어려서부터 아이를 꿈이 있는 사람으로 만들려면 부모의 역할이 매우 중요하다. 부모 자신이 목표를 세우고 매일 행동하는 것을 보여주면 아이가 성공하는 사람의 습관을 가지게 된다.

꿈을 향해서 실천하며 앞서 나가는 부모가 되자. 꿈이 있는 부모가 아이를 성공시킨다. 우리 부모에게도 무한한 잠재력이 있다. 부모의 꿈이 아이에게도 그대로 전이가 된다. 부모가 평소에 하는 행동을 보고 아이가 어려서부터 보고 느끼고 따라오게 해야 한다.

자, 이제 품어 온 많은 꿈들을 부모 자신부터 기록해보자. 좋은 부모가 되겠다고 항상 생각만 했지, 구체적으로 기록해 본 적은 별로 없을 것이다. 생각을 글로 정리하여 읽으면 실천하려는 의지가 커진다.

필자가 부모들에게 꿈을 작성해 보라고 하면 "이성적인 엄마(아빠)가 되고 싶다, 좀 더 포근한 엄마가 되고 싶다, 마음속에 있는 말들을 잘 표현하고 싶다, 짜증내지 않는 부모가 되고 싶다." 등과 같은 정말 평범한 내용을 쓴다. 필자도 엄마지만 정말 지키기 힘든 약속이다. 아이를 사랑하지 않는 부모는 없지만 사랑하는 방법에는 차이가 있을 것이다. 아이의 성공을 바라면서 반대로 행동하고 있지는 않은지 돌아볼 일이다. 명심하라. 리더인 부모가 10이 변해야 아이가 100이 변한다.

꿈의 목록(예 : 부모용)

작성일 :　　　　년　월　일

삶의 분야	꿈
정신	종교 갖기
건강	체중 55kg 유지, 뱃살 모두 빼기
가정	가족에게 친절하게 말하기, 여름 휴가 때 함께 제주도 여행 가기, 아침 식사 정성껏 준비하기
사회	모자 가정 장학재단 설립하기, 봉사 모임을 주관하여 참여하기
교육	영어 · 중국어 · 프랑스어 · 일본어 등 4개 국어 배우기, 매주 1권 이상 책 읽기
재정	제주도에 별장 짓기, 컴퓨터 교체하기

꿈의 목록

(부모용)

어린 시절부터 소망해온 것을 생각나는 대로 적어보자. 현실 속의 제약들은 생각하지 말자. 상상 속에서만 머물렀던 모든 것을 꿈의 목록으로 만들어보자. 삶의 성취 진단에서 가장 많이 찌그러진 부분을 우선순위로 적어보자. 하고 싶은 것, 갖고 싶은 것, 계발하고 싶은 것, 되고 싶은 것 등 무엇이든지 좋다. 사소한 것부터 원대한 것까지 적어보자. 이 목록은 자신이 평생 이루고 싶은 소망들이다.

작성일 :　　　년　월　일

삶의 분야	꿈

 # 꿈의 목록(예 : 아이용)

작성일 :　　　년　월　일

삶의 분야	꿈
정신	친구하고 사이좋게 지내고 싶다, 고래와 놀고 싶다.
건강	달리기를 잘하고 싶다, 예뻐지고 싶다.
가정	평생 잔소리를 듣기 싫다, 가족 모두 건강하면 좋겠다.
사회	노벨평화상을 받고 싶다, 영화 제작자가 되고 싶다, LA에 있는 디즈니랜드에 가서 실컷 놀고 싶다.
교육	공부를 열심히 하고 싶다, 수학 성적이 계속 90점 이상 나오면 좋겠다.
재정	갖고 싶은 것을 다 사고 싶다, ○○아파트로 이사 가고 싶다.

꿈의 목록

(아이용)

그동안 자신이 원해 온 모든 일을 목록으로 작성해보자. 자신이 하고 싶고, 되고 싶고, 갖고 싶은 모든 것, 계발하고 싶은 재능이나 만들고 싶은 습관, 성취할 목표, 부모님께 바라는 것 등 무엇이든지 좋다.

나 ________________ 의 꿈   작성일 :   년 월 일

삶의 분야	목록

 # 나는 어떤 엄마이고 싶은가?(예)

(부모용)　　　　　　　　　　　　　　작성일 :　　　년　월　일

	목록
1	좀더 따뜻한 엄마가 되고 싶다.
2	영어 공부를 열심히 하여 아이에게 도움을 주고 싶다.
3	아이들에게 맛있는 요리를 만들어주고 싶다.
4	이성적인 엄마이고 싶다.
5	스트레스를 아이에게 풀지 않고, 친절한 엄마이고 싶다.
6	살을 빼서 멋진 엄마라는 말을 듣고 싶다.
7	가족과 이웃을 위해 기도하고 싶다.
8	사랑하는 마음을 가족들에게 잘 전하고 싶다.
9	
10	
11	

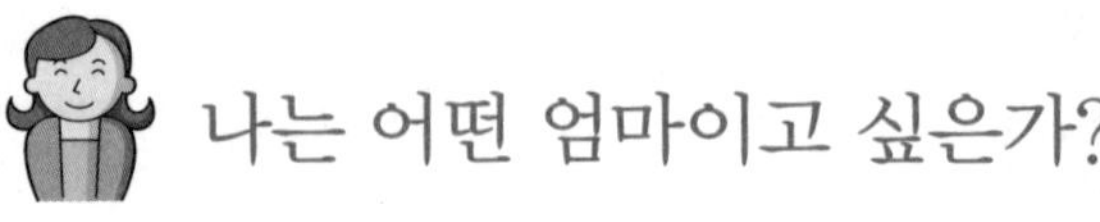

(부모용)　　　　　　　　　　　　　　　작성일 :　　　년　월　일

	목록
1	
2	
3	
4	
5	
6	
7	
8	
9	
10	
11	

 # 나는 어떤 아빠이고 싶은가?

(부모용)　　　　　　　　　　　작성일 :　　년　월　일

	목록
1	
2	
3	
4	
5	
6	
7	
8	
9	
10	
11	

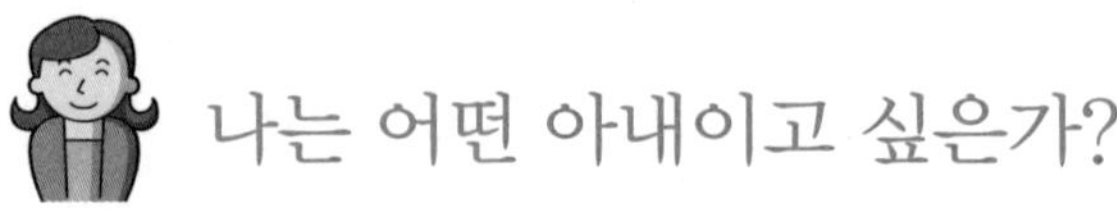

나는 어떤 아내이고 싶은가?

(부모용)　　　　　　　　　　　　　작성일 :　　　년　월　일

	목록
1	
2	
3	
4	
5	
6	
7	
8	
9	
10	
11	

나는 어떤 남편이고 싶은가?

(부모용) 작성일 : 년 월 일

	목록
1	
2	
3	
4	
5	
6	
7	
8	
9	
10	
11	

지난날 우리에게 아이가 탄생했어요.
평범한 출생이었죠.
나는 이일 저일 날마다 바빴죠.

아이는 내가 없는 사이에 걸음마를 배웠고
나도 모르는 사이에 말을 배워
"나는 아버지같이 되겠어요. 아버지!
꼭 아버지를 닮을 거예요."

"언제 오세요, 아버지?"
"글쎄다. 하지만 함께 시간을 보낼 때에는
즐거운 시간을 갖게 되겠지."

아들이 지난달 열 살이 되었어요.
"공 사주셔서 감사합니다. 아버지, 함께 공놀이해요.
공 던지기 좀 가르쳐주세요."
"오늘은 안 되겠다. 할 일도 많고 피곤하다."
아들은 "괜찮아요." 하며 밝은 웃음을 머금은 채 밖으로 나갔어요.
"나는 아버지같이 될 거예요. 아시죠?"

"언제 오세요, 아버지?"
"글쎄다. 하지만 그때는 즐거운 시간을 갖자구나."

아들이 며칠 전 대학에서 돌아왔더군요.
사내답게 자랐기에 말했지요.
"아들아, 자랑스럽구나. 잠시 함께 앉아 있으려므나."
아들은 고개를 저으며 말했지요.

"차 열쇠 좀 빌릴 수 있을까요?"
"언제 들어오니?"
"글쎄요……. 하지만 그때는 함께 좋은 시간을 보내도록 하죠."

내가 은퇴한 지 오래되고 아들은 이사를 나갔지요.
지난달 아들에게 전화를 해서 "괜찮다면 한 번 올 수 없겠니?"라고 얘기했죠.
"그러고 싶어요, 아버지. 시간만 낼 수 있다면…….
새 직장은 바쁘고 애들은 감기에 걸렸어요.
얘기하게 되어 반가워요, 아버지."

전화를 끊고 깨닫게 된 것은
내 아들이 나와 똑같이 컸다는 것,
내 아들이 꼭 나와 같다는 것.

– 유치원에서 부모에게 보낸 편지 중에서 –

이 글은 어느 유치원에서 체육대회를 맞이하여 아빠들에게 보낸 편지 글이다. 다행히 이 편지를 받아본 아빠들은 모두 체육대회에 참석했다고 한다.

그때 꼭 해야만 하는 일이 있다. 바빠서 미루었지만 아이는 그러한 생각과 모습까지도 닮아 간다. 그래서 부모의 모습은 중요하다. 아이에게 그대로 이어지기 때문이다.

당신의 아이들은 당신의 것이 아닙니다

당신의 아이들은
당신의 것이 아닙니다.
그들은 생명의 아들들이고 딸들입니다.
그들은 당신을 통하여 왔지만
당신에게서 온 것은 아닙니다.
그들은 당신과 함께 있으나 당신의 것은 아닙니다.

그들에게 당신의 사랑을 줄 수는 있으나
당신의 생각은 줄 수 없습니다.
왜냐하면
그들은 자기의 생각이 있으니까요.
당신은 그들의 몸을 가둘 수는 있어도
마음을 가둘 수는 없습니다.
왜냐하면
그들의 마음은 미래의 집에 거주하기 때문입니다.

꿈속에서조차도
당신은 그 곳을 방문할 수 없습니다.
당신이 그들처럼 되고자 해도 좋으나
그들을 당신처럼 만들지는 마십시오.
왜냐하면
인생은 과거로 가는 것도 아니며 어제에 머무르지도 않기 때문입니다.

– 칼릴 지브란 : 『예언자』 중에서 –

꿈의 목록을 달성하기 위한 사명서를 작성하게 하라

큰 꿈을 꾸고 있으면서도 사명서를 작성하는 사람들은 드물다. 자신이 이뤄야 할 목표와 그것을 이뤘을 때 자신에게 어떤 보상을 해줘야 하는가를 보다 구체적으로 문서로 작성한 것이 '사명서'이다. 사명서를 작성함으로써 자신의 생각을 들여다볼 수 있고, 자신이 이루어야 할 목표를 적극적으로 찾을 수 있다.

실제로 워크숍을 하면서 수강생들에게 자신의 꿈을 적어보라고 하면 희망을 찾겠다는 표정은 온데간데없고, 어려운 수학 문제를 푸는 수험생의 모습으로 금세 바뀐다. 지금까지 살아오면서 자신이 어떤 삶을 살고 싶은지 가슴에 담아두기만 했을 뿐 그것을 적어본 경험이 없기 때문에 한 글자, 한 글자 적기가 조심스러울 것이다. 그러나 그들은 필자와 대화하면서 자신의 꿈과 장점이 얼마나 많은지를 발견하고 스스로 놀라워한다.

목표를 이루겠다는 열정만큼이나 중요한 것이 동기 부여인데, 동기 부여를 하기 위해 할 수 있는 가장 좋은 방법은 인생의 전체적인 밑그림을 그려보는 것이다. 자신이 40세가 될 때는 어떤 모습으로, 50세와 80세일 때는 어떤 모습으로 살아가고 싶은지 말이다. 그리고 그렇게 되기 위해 무엇부터 준비하고 실행으로 옮겨야 하는지를 적어보면 된다.

사람들은 매일 현실과 타협하면서 자신을 합리화하면서 살아간다. 성공한 사람들에게는 일반 사람들과 다른 공통점이 있다. 그것은 바로 5초 내에 곧바로 말할 수 있는 사명과 비전이 있다는 것이다. 또한 자신의 비전을 글이나 그림 등으로 구체화하고 시각화하는 것을 생활화한다는 것이다.

누군가 당신에게 "당신의 비전은 무엇인가?"라고 질문을 던지면 5초 이내로 답할 수 있는가? 만약에 그렇지 않다면 "당신의 꿈을 이루기 위해 지금 무슨 노력을 하고 있나요?"라고 물으면 이 역시 5초 이내로 대답할 수 있는가?

별똥별이 떨어지는 것을 보며 소원을 빌면 이루어진다는 이야기가 있다. 그러나 대부분 사람들은 평소에 비전을 생각하고 있지 않기 때문에 별똥별이 떨어지는 순간을 포착해도 소원을 빌지 못할 것이다. 소원을 생각하는 동안 이미 별똥별이 떨어질 것이다.

사람들은 인생의 목표를 정하는 것이 어렵다고 한다. 옳은 말이다. 평생을 바쳐 자신이 원하는 삶의 그림을 그려야 하는데, 그 방향

을 정하는 것이 어디 쉽겠는가? 이를 위해 한 가지 방법을 추천하고
자 한다.

'모방은 창조의 어머니' 라고 한다. 다른 사람들을 모방해보고 다
시 자신의 것을 작성해보게 하자. 성공에 대한 막연한 기대감만 가
지고 살아간다면 과연 성공하는 삶을 살 수 있겠는가?

사명서는 바로 성공한 삶을 보장하는 서약서이다. 또한 비전, 목
표, 가치관을 설정하게 하고, 그것을 뚜렷하게 각인시켜주며, 방침을
세우게 하고, 실현하고자 하는 열정을 불어넣어준다. 사명서는 자신
이 가야 할 인생의 항로를 정해주는 나침반과 같다. 그러므로 중요한
결정을 내리고 행동할 때마다 판단 기준과 지침이 될 것이다.

가장 원하는 것, 가장 가치 있다고 생각하는 것, 잘하는 것, 가장
이루고 싶은 것 등을 사명서에 적어보자. 그러면 자신의 존재의미와
내면 깊숙한 곳에 있는 욕구를 알 수 있을 것이다.

목표를 세울 때는 어떤 결과를 만들고 싶은지, 그것을 실행하면
가정, 사회, 학교에서 어떻게 변하는지, 실행을 위해 어떠한 노력을
해야 하는지도 생각해야 한다.

목표로 세운 것 중에서 달성한 보람되고 자랑스러운 일이 있다면
자신을 칭찬해주자. 목표가 이루어지면 안정감과 충족감을 느낄 수
있을 것이다. 삭티 거웨인은 '그렇다고 생각하면 진짜 그렇게 된
다.'고 했다. 아이가 목표를 이룰 수 있다고 격려해주고, 한 가지 목
표를 이루면 다음 목표를 이루는 데 도전하게 하라.

개인 사명서 만들기

날짜 :　　　　.　　.　　.

사명문은 간결하고 쉽게 이해할 수 있는 문장이 좋다.
사명서에 다음과 같은 내용을 기록해 보자.

1	어린 시절 가장 잘했던 일은 무엇인가?
2	어릴 적 꿈은 무엇이었는가?
3	가장 잘할 수 있고 흥미를 느끼며 하고 싶은 일은 무엇인가?
4	가장 가치 있다고 생각하는 것은 무엇인가?
5	어떤 사람이 되고 싶은가?
6	주변 사람들에게 어떤 도움을 주고 싶은가?
7	내가 꿈꾸는 삶은 어떤 것인가?
8	내가 꿈꾸는 대로 삶이 전개되었을 때 느낌이 어떠하겠는가?
9	어떤 부모가 되고 싶은가?

개인 사명서(예)

작성일 :　　　　년　월　일

	목록
1	책임감 있는 배우자와 부모가 되며, 이 역할을 감당하는 것에 우선권을 두겠다. 특히 내 아이들이 사랑하고 열심히 배우며 가치 있는 목표를 달성하고 웃으며 살도록 가르치겠다. 그리고 그들의 능력을 계발하도록 도와주겠다. 가정이 가족, 친구, 손님들이 늘 기쁨과 안정과 행복을 누릴 수 있는 곳이 되도록 하겠다. 가정을 활기 있고 안락하며 깨끗하게 잘 정돈된 환경으로 만들겠다. 가족을 위해 먹고 보고 읽고 행동하는 것을 선택할 때 지혜롭게 하겠다. 가정과 직업 두 가지가 모두 중요하기 때문에, 이 둘의 균형을 유지하도록 최선의 노력을 하겠다.
2	사람들과 조직의 발전을 돕는 데 영향력을 행사하겠다. 사람들을 사랑하고 웃고 현재의 한계점을 넘어서서 배우고 삶을 계획할 수 있도록 도와주겠다.
3	먼저 상대방을 이해하도록 노력하겠다. 이해는 가치를 찾는 열쇠이며, 가치는 존경과 결단 그리고 행동의 근원이기 때문이다.
4	늘 배우도록 노력하겠다. 배움은 성숙의 근원이 되고, 성숙은 삶의 열쇠이기 때문이다.
5	인생의 목표를 성취하는 데 주도적이고 자발적인 사람이 되겠다. 여건이나 기회를 적극적으로 활용하여 가만히 앉아서 일이 해결되기를 기다리지 않겠다.
6	매일을 새로운 각본을 쓰고 새로운 기회를 잡는 새 출발점으로 보겠다. 인생의 경험을 소중히 여기며 그것을 장점으로 생각하겠다. 매일 도전하며, 책임을 피하지 않고, 적극적으로 생활하겠다.
7	타인을 배려하고 봉사와 자선을 베푸는 데 나의 재산과 재능을 사용하겠다.

가족 사명서 만들기

날짜 :　　　　　.　　.　　.

1단계 : 가족이 모인 자리에서 모두에게 다음과 같은 질문을 던져보자.
서로 의견을 이야기하고 적어보자. 아이가 초등학생 이상이라면 이 과정에
참여시켜 의견을 경청하게 하자. 소극적인 아이에게 회의를 진행하게 하면
발표력을 키우는 훈련이 된다. 산만한 아이는 기록을 하게 한다. 발표한 내
용을 요약하여 기록해야 하므로 체계적이고 논리적으로 사고하는 훈련이
될 수 있다.

1	우리는 어떤 가족이 되고 싶은가?
2	우리는 가정에서 어떤 느낌을 갖고 싶은가?
3	우리는 서로를 어떻게 대하고 싶은가?
4	서로 어떻게 말하고 싶은가?
5	우리 가족에게 진정으로 소중한 일은 무엇인가?
6	우리 가족의 가장 우선적인 목표는 무엇인가?
7	가족 구성원으로서 각자 해야 할 의무는 무엇인가?
8	우리 가족이 따르기를 원하는 원칙과 길잡이는 무엇인가?
9	우리 가족은 어떻게 해야 이 사회에 공헌할 수 있는가?

2단계 : 가족 사명서를 작성하자.
가족 사명서는 어떤 가족인지를 말해준다. 가족의 가치와 신념이 그 속에
들어 있기 때문이다. 가족은 함께 만든 사명서에 따라 살아갈 준비가 되어
있어야 한다.
의견을 토대로 정리하여 우선순위를 적어보자. 내용이 미흡하면 일주일 동
안 각자 생각한 것을 적고 다시 가족회의를 열 수도 있다. 다소 오랜 시간
이 걸려도 조율하고 토론해서 완성하자.

 가족 사명서(예)

작성일 :　　　년　월　일

	목록
1	각자의 목표를 성취하기 위해 서로 도와주고 격려한다.
2	서로의 독특한 개성을 존중한다.
3	사랑과 친절이 가득하고 행복한 분위기를 만들기 위해 노력한다.
4	화를 내기보다는 항상 갈등을 해소하려고 노력한다.
5	언제나 가족들을 친절하게 대하고 존중하며 협조한다.
6	서로를 조건 없이 사랑한다.
7	언제나 돌아오고 싶은 집으로 만든다.
8	
9	
10	
11	

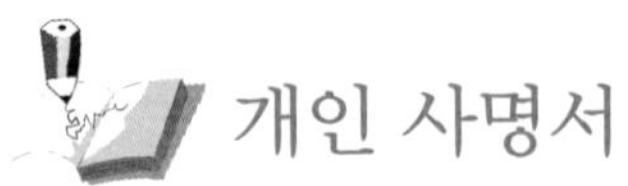

개인 사명서

작성일 :   년   월   일

	목록
1	
2	
3	
4	
5	
6	
7	

 가족 사명서

작성일 :　　　년　월　일

	목록
1	
2	
3	
4	
5	
6	
7	
8	
9	
10	
11	

이미지 트레이닝으로 상상을 현실화시킬 수 있도록 하라

　　꿈을 이루게 하는 여러 가지 방법 중에 '시각화'라는 것이 있다. 시각화란 머릿속에 떠오르는 상상을 현실에서 이룬 것처럼 구체적으로 그려보는 것을 말한다. 즉, 성공의 영상화를 의미한다. 자신의 꿈이 달성되는 것을 영화처럼 상상해보면 성취 욕구가 강해질 것이다. 무엇인가를 꿈꾸고 상상하면 꿈은 방향성을 찾아주고 정신적인 영양분을 제공한다.

　　우리는 무한한 상상력이 있지만, 남다른 상상을 이야기하면 "쓸데없는 생각하지 마라."는 핀잔을 어린 시절부터 부모 또는 주변 사람들에게 들어왔다. 그러다 보니 우리의 상상력은 저절로 위축되어 왔다. 그러나 상상력은 곧 창조력으로 연결되므로 상상력을 기르는 훈련이 필요하다. 상상력을 발휘해 꿈을 달성하는 놀라운 일을 체험해 보자.

아이의 상상력을 존중하자. 아이가 이야기한 꿈을 사진이나 그림으로 만들어 가장 잘 보이는 곳에 걸어놓고 미래에 성공한 자신을 상상하게 하자. 이때 아이가 원하는 이미지를 가능한 한 실감이 나도록 구체적으로 그리게 한다. 이러한 시각화를 통해 아이는 자신이 만들어나갈 성공한 삶의 예고편을 볼 수 있다.

폴 J. 마이어는 '시각화는 아이의 성취 능력을 증진시키는 뛰어난 도구이다.'라고 했다. 꿈을 시각화하면 목표에 집중하고, 성취 욕구가 커지고, 지속적인 실천 동기를 받게 된다. 부모는 아이가 꿈의 목록을 작성하여 목표를 설정하고 그 목표를 향해 걸어 갈 수 있도록 도와주어야 한다.

자신의 모습은 스스로 어떻게 설정하느냐에 따라 달라진다. 그러하기에 사람들은 좋은 이미지를 남들에게 심으려 노력하고, 그것을 실현하고자 애쓴다. 아이들도 마찬가지다.

시각화로 자기 이미지를 형상화하는 것은 이상적인 자아를 현실화하는 데 커다란 힘을 발휘한다. 행동심리학의 원리에 따르면, 시각화 훈련은 개인의 성취 능력을 극대화하는 강력한 요소로 작용한다. 즉, 자신의 눈으로 구체적인 이미지를 확인하게 함으로써 마치 자석에 끌리듯 자기 이미지를 따라가게 한다. 따라서 자기 이미지를 시각화하는 것은 성공을 영상화하는 일이자 한 사람의 능력을 최대한 발휘하게 하는 촉매제가 된다.

모든 것은 자신이 생각하는 대로 이루어진다. 사람의 마음은 자석과 같아서 생각하는 것을 끌어당기는 힘이 있다.

거듭 말하지만 시각화는 행동심리학의 원리로서, 성취 능력을 증진시키는 도구이다. 상상을 하면 그것이 잠재의식 속에 새겨지고, 이룰 수 있다는 자신감과 열정이 생긴다. 그러므로 상상을 할 때는 항상 성공이 실현된 현재형으로 해야 한다.

시각화에서 가장 중요한 것은 자신이 머릿속으로 생각하는 것을 상대방도 선명하게 그림으로 그릴 수 있어야 한다는 것이다. 그리고 우선순위를 정해야 하는 것이다.

이미지 트레이닝은 이루고 싶은 모습을 가능한 한 자주 마음속에 그려보는 것을 말한다. 계속 반복을 하다보면 자신이 직접 체험하고 있는 느낌을 갖게 된다. 이미지의 플러스 기억이 뇌에 저장되기 때문이다. 시각화를 성공적으로 하려면 무엇보다 "내 마음속에서 규칙적으로 하는 모든 생각은 내 삶에서 어떠한 결실을 맺을 것이다."라고 확신해야 한다.

이미지 트레이닝은 운동선수들에게 많이 활용되고 있다. 수영선수들은 물속에 뛰어드는 자신의 모습, 물의 느낌, 수영하는 자신의 모습 등을 정신력 훈련 시간에 상상하며 실제 시합에 나갈 때처럼 예행연습한다고 한다. 이 외에도 육상선수들이 출발해서 선두를 달리는 자신의 모습, 선두로 골인하는 자신의 모습을 상상해왔다는 인터뷰를 본 적이 있을 것이다.

시각화는 자신이 원하는 것을 갖고, 원하는 일을 하며, 꿈꾸어 온 일을 달성한 것처럼 마음속에 미리 그려보는 것으로, 개발되지 않은 잠재력에 불씨를 당기는 역할을 한다.

시각화 & 다짐 5분 활용법

작성일 :   년   월   일

	목록
1	편한 시간에 편한 장소에서 5분 정도 실행한다.
2	편안한 자세로 가만히 눈을 감고 마음속으로 상상한다. 가장 행복했던 순간, 즐거웠던 순간, 인정받았던 순간, 배우자에게 반하여 사랑하게 되었던 순간, 첫 아이가 태어났던 순간, 둘째 아이가 태어났던 순간 등 가장 기분이 좋고 편안했던 순간들을 상상해본다. 경험했던 일들은 상상하기가 쉬울 것이다.
3	시각화하려는 상황을 구체화한다.
4	구체화한 상황을 5감(시각, 청각, 미각, 후각, 촉각)으로 느껴보자. 이를 위해서는 상상하는 훈련이 필요하다.
5	목표가 달성되었다고 생각하고 그때의 느낌을 생각해보자.
6	자신의 능력을 인정하고 행동으로 옮길 것을 결심한다. 이때 할 수 있다는 믿음이 중요하다.
7	목표를 이루기 위한 자신의 다짐을 현재형으로 만들어 반복하여 외치고, 사명서를 자주 볼 수 있는 곳에 붙인다.

시각화 & 다짐 사례

상황

나는 살이 쪄서 예쁜 옷을 입을 수 없다.
가족과 친구들이 살이 쪘다고 핀잔을 주어
스트레스를 받고 있다.
다른 사람을 대할 때 자신감이 없고 마음
이 움츠러든다.

목표
(결심)

허리를 2인치 줄이겠다.

시각화
(장면)

허리가 2인치 줄어 예쁜 옷을 사서 입어보
는데 몸매가 날씬해져서 내가 봐도 멋있다.
가족이 의지가 대단하다고 칭찬해주고 나도
자신감이 넘치고 활기차서 행복하다.

(부모용)

- 1인칭 '나'로 시작한다.
- 현재 시제로 쓴다.
- 긍정문으로 쓴다.
- 매일 할 수 있는 행동으로 설정한다.
- 첫째 줄은 나의 행동, 둘째 줄은 그 행동을 통해 얻게 될 성과를 기록한다.

1	나는 매일 오늘의 할 일을 쓴다. (행동)
	나는 계획적인 사람이다. (성과)
2	나는 매일 30분씩 책을 읽는다. (행동)
	나는 사고와 견문을 넓힌다. (성과)
3	나는 매일 30분 이상 운동을 한다. (행동)
	나는 건강한 사람이다. (성과)
4	나는 매일 아이의 장점을 찾아 칭찬해준다. (행동)
	나는 아이를 성공하는 사람으로 키우는 부모이다. (성과)
5	나는 매일 기대 메모를 쓴다. (행동)
	나는 사랑을 표현하는 부모이다. (성과)
6	
7	
8	

나 _______의 다짐

(부모용)

- 1인칭 '나'로 시작한다.
- 긍정문으로 쓴다.
- 현재 시제로 쓴다.
- 매일 할 수 있는 행동으로 설정한다.

– 첫째 줄은 나의 행동, 둘째 줄은 그 행동을 통해 얻게 될 성과를 기록한다.

1	
2	
3	
4	
5	
6	
7	
8	

나 _______의 다짐(예)

(아이용)

두 줄로 작성을 해서 첫째 줄은 나의 행동,
둘째 줄은 그 행동을 통해 얻게 될 성과를 쓴다.

| 예 | 나는 매일 과학 전집을 30분 동안 읽는다.
나는 상식이 풍부한 사람이다.

1	나는 친구가 잘하는 행동을 칭찬해준다. (행동)
	나는 상대방의 장점을 볼 수 있다. (성과)
2	나는 6시에 일어난다. (행동)
	나는 내가 세운 목표를 실천한다. (성과)
3	나는 30분 이상 책을 읽는다. (행동)
	나는 상식이 풍부하다. (성과)
4	나는 야채를 잘 먹는다. (행동)
	나는 건강하다. (성과)
5	나는 오늘 배운 과목을 복습한다. (행동)
	나는 열심히 공부한다. (성과)
6	
7	
8	

（아이용）

두 줄로 작성을 해서 첫째 줄은 나의 행동,
둘째 줄은 그 행동을 통해 얻게 될 성과를 쓴다.

|예| 나는 매일 과학 전집을 30분 동안 읽는다.
나는 상식이 풍부한 사람이다.

1	
2	
3	
4	
5	
6	
7	
8	

성공을 위해서는 웃는 얼굴로 항상 밝게 인사하는 습관을 가지게 하라

흔히 처음 보는 사람을 만나면 주변 정보나 단서를 근거로 하여 첫인상을 만든다. 초두 효과(primary effect)에 의하면, 먼저 들어온 정보는 나중에 들어온 정보보다 큰 영향력이 있다.

타인에게 호감을 얻는 가장 쉬운 비결은 밝은 표정으로 미소 짓는 것이다. 미소는 상대방에게 호감을 표현하며, 상대방의 마음을 열게 하는 가장 좋은 도구이다.

얼굴은 '얼의 거울의 준말'이다. 미소 띤 얼굴은 상대를 편안하게 하고 인간관계를 좋게 한다. 얼굴에는 그 사람의 삶과 인격이 그대로 드러난다.

첫인상은 만난 지 3~5초 이내에 결정되지만 오랜 시간 머릿속에 남는다. 그리고 사람을 판단하는 중요한 정보가 된다. 좋지 못한 첫 인상으로 자신을 표현할 기회조차 얻지 못하는 것처럼 불행한 일은 없을 것이다.

요즘처럼 바쁜 세상에는 긴 시간 동안 일일이 이야기하면서 자신을 알릴 시간이 없다. 그러므로 한 번 만났을 때 자신의 이미지를 진솔하게 전달할 수 있어야 한다.

지금 자신의 표정을 거울로 들여다보자. 자신이 보기에도 매력적인 모습인가? 그렇지 않다면 지금부터 연습하는 거다.

가끔 사진을 찍어본 후 왠지 표정이 낯설고 마음에 들지 않았을 때가 있었을 것이다. 그러나 그것이 평소 자신의 표정일 것이다. 표정도 평소 습관대로 나오기 때문이다.

얼굴에는 근육이 80개가 있다고 한다. 그 중 웃을 때 사용하는 근육은 50개 정도인데 웃을 때는 눈과 입이 함께 움직여야 한다. 눈은 웃지 않는데 입만 웃으면 표정이 자연스럽지 못하다. 얼굴도 근육이기 때문에 트레이닝이 필요하다.

이미지는 어떤 사람이나 사물로부터 받는 느낌으로, 타고 나는 것이 아니라 만들어지는 것이다. 내적인 이미지와 외적인 이미지가 아름답게 조화를 이루는 것이 중요하다. 어느 장소에서나 의식적으로 웃는 연습을 해보자. 처음에는 힘이 들겠지만, 지속하다보면 자신의 이미지로 만들 수 있다. 그렇게 반복하면 습관이 되어 어느 장소에서나 호감 가고 인상 좋은 얼굴이라는 이야기를 들을 수 있다.

자신의 모습을 가장 멋지게 만들기 위해 이미지 메이킹을 해보자. 지금부터 남편도, 아내도, 아이들도 가장 멋진 모습으로 만들어보자.

표정이 밝고 생생한 사람에게는 호감과 신뢰가 생긴다. 내가 상대를 보며 웃으면 상대도 나를 보고 웃는다. 배우자와 아이에게 나는 어떤 모습으로 대하고 있는지 한번 생각해보고 행동하자.

명랑하고 활기찬 인사는 자신과 상대방을 기분 좋게 한다. 그런데 인사를 할 때에도 예절이 있다. 공수란 어른을 모시거나 행사를 할 때 두 손을 마주잡아 공손한 자세를 취하는 것을 말한다. 평소에 남자는 왼손을 위로, 여자는 오른손을 위로 가게 하지만, 흉사 시에는 위치를 바꾸어 남자는 오른손을 위로, 여자는 왼손을 위로 가게 한다. 인사하는 것만 보아도 그 사람의 성품을 느낄 수 있다. 인사는 만남의 첫걸음이며, 마음가짐의 외적 표현이다.

인사는 상대방에게 존경과 친절함을 나타내는 표현으로서, 상대방이 느낄 수 있는 첫 번째 감동과 인간관계가 시작되는 신호가 된다. 따라서 인사는 상대방을 위한다기 보다는 자신을 위한 것이며, 자신이 먼저 한다고 생각하는 것이 좋다. 그런데 나보다 어린 사람인데, 나보다 직급도 아래인데 등과 같은 생각을 자꾸만 하고 인사하게 된다.

우리나라 사람들의 70% 이상이 고개만 까닥하는 인사를 한다고 한다. 허리는 가만히 있고 고개만 까닥하는 인사는 윗사람이 아랫사람의 인사에 답례할 때나 적당하다. 성의 없이 말로만 하는 인사, 무

표정한 인사 등은 상대방에게 불쾌감을 주게 된다.

매너도 매력을 느끼게 하는 요소이다. 지금은 매너가 경쟁력이 되는 시대이다.

매력은 외모로만 느껴지는 것이 아니다. 표정, 옷차림, 자세, 말투, 인사하는 모습, 남을 배려하며 상대방의 말을 경청할 줄 아는 여유로움 등 여러 가지에서 풍겨난다.

매너 또한 남을 배려하고 존중하는 마음에서 비롯하는 것으로 하루아침에 얻어지지 않는다. 아이에게 매너 교육을 하려면 부모 자신부터 모범된 매너를 보여야 한다.

흔한 예로 건물을 들어가거나 나올 때 뒷사람을 생각하지 않고 출입문을 여닫는 사람이 있다. 그 경우 뒤에 오는 사람은 문에 부딪칠 수 있다. 잠시 뒤돌아 보고 사람이 있으면 문을 잡아주는 것쯤은 기본적으로 해야 할 배려가 아닐까? 그런데 예상 외로 그러한 기본조차 하지 않는 사람이 많다. 또한 그런 배려를 받고도 감사하다고 답례하는 사람도 많지 않다. 하지만 이러한 모든 것을 아이는 보고 배운다.

세련된 몸가짐, 상대를 배려하는 마음, 격조 있는 말투는 품격을 높이고 호감을 느끼게 한다. 예의 바른 사람과 같이 있으면 기분도 좋아진다. 그것만으로도 호감과 신뢰감을 얻을 수 있다. 인사말과 함께 칭찬까지 곁들이면 호감은 급증한다.

웃는 얼굴로 인사하는 아이를 보면 호감이 가고 참 예의 바르다는 느낌이 든다. 그리고 긍정적 기대를 하게 된다. 아이들은 예의 바르게 인사만 잘 해도 칭찬을 받는다.

인사할 때는 상대방의 눈을 보며, 표정은 밝게, 인사말은 명랑하고 분명하게 한다. 밝은 표정에서 밝은 음색이 나온다. 엘리베이터에서 엄마가 먼저 "안녕하세요." 하고 인사하는 모습이 아이들의 모습이 된다.

인사는 가벼운 인사, 일반적인 인사, 정중한 인사로 구분된다. 가벼운 인사는 상체를 15도 정도 앞으로 숙인 후 잠깐 멈추었다가 바로 서는 것이다. 엘리베이터 안이나 복도에서 또는 자주 만나는 사람에게 할 수 있다. 일반적인 인사를 할 때는 상체를 30도 정도 숙인 후 잠깐 멈추었다가 바로 선다. 정중한 인사는 상체를 45도 정도 앞으로 깊이 숙여 보다 정중함을 표현한다.

인사를 할 때 시선은 상대방의 양미간을 본다. 가슴과 등은 곧게 펴고 손은 공수 시의 위치에 놓고 발뒤꿈치를 모으면서 인사한다. 인사로 보다 멋있는 나를 표현하기 위해서는 평소에 노력이 필요하다.

지금 아이와 함께 얼굴 표정, 전화 예절, 손동작 등 사소한 부분부터 좋은 이미지를 만드는 연습을 시작해보자. 자세가 똑바르면 자신감 있는 사람으로 보이지만, 꾸부정하면 그 반대로 보이기 쉽다. 제자리에 설 때는 어깨를 펴고 머리를 똑바로 하고 턱을 들고 손을 자연스럽게 양쪽으로 내리도록 노력하자. 꾸준히 연습하여 이러한 자세가 자연스럽게 몸에 배여 있는 사람이라면 어떠한 자리에서도 당당한 이미지를 줄 수 있다.

전화 예절에 대해서도 이야기해보자. 전화로만 통화를 하던 사람을 만났더니 상상했던 인물과 너무 달라 생소하게 느껴졌던 경험이 있을 것이다.

전화로는 보이지 않은 이미지를 연출할 수 있다. 그러므로 상대방이 눈앞에 있다 생각하고 응대해야 한다. 전화 받을 때 자세에 따라서 음성의 생동감도 달라진다.

상대방이 보이지 않을 때 목소리는 그 사람의 모습을 상상하게 한다. 목소리에도 표정이 있다. 밝게, 친근감을 갖고, 따뜻함으로, 또렷한 목소리로 전화를 받으면 상대방이 상쾌한 기분을 느낄 수 있다. 인사를 할 때나 전화를 할 때 '솔' 음으로 밝게 이야기하면 호감을 얻을 수 있다.

이와 같이 사람들과의 관계는 자신의 태도에 따라 결정되므로 끊임없는 노력이 필요하다.

4

사회성과 자립심을 키워주는
좋은 습관

상대방을 존중하고 배려하는 아이가 되게 하라

'인간은 사회적 동물이다.'라고 소크라테스는 말했다. 그 말이 의미하는 바와 같이 인간은 더불어 살아가야지 혼자는 살아갈 수가 없다.

그런데 남들과 어우러지기보다 자기 것은 손해보지 않고 양보하지 않는 아이들이 많다. 자유와 규율을 존중하면서도 풍부한 감성으로 웃고, 공중도덕도 지키고, 질서의식이 있으며, 예절도 바르고 자부심이 있는 사람은 과연 얼마나 될까?

룰(Rule) 즉 규칙을 정하는 진정한 목적은 '~해서는 안 된다.'라며 제한하기 위함이 아니라 여러 사람이 자유롭게 즐기도록 하기 위한 것이다. 운동 규칙은 운동을 원활하게 하기 위해 필요하고, 가정

규칙은 행복한 가정을 만들기 위해 필요하다. 규칙을 지키는 것이 습관화가 되어야 소속한 사회에 잘 적응할 수 있다.

규칙은 '~해서는 안 된다, ~하지 않으면 안 된다.'보다 '~하자, ~합시다.'와 같이 긍정적이며 청유하는 문장으로 정하는 것이 바람직하다.

심리학자이자 경영컨설턴트인 다니엘 골먼(Daniel Goleman)은 사람들의 호감을 사고 마음을 끌어당길 수 있는 사회지능지수(Social Intellignce Quotient)가 중요하다고 했다. 사회지능지수는 상대방의 의도를 읽고 타인과 잘 어울리는 능력을 말한다. 또한 그는 능력이 탁월하지만 성공하지 못하는 이유는 사람과의 관계의 기술이 부족하기 때문이라고 했다.

대인적 지능은 사람들을 이해하고 대하는 능력 즉 다른 사람의 기분, 동기, 의도를 잘 파악하여 그에 대한 지식에 따라 행동할 수 있는 능력을 말한다. 개인적 지능(내적 지능)은 자기 자신을 이해하는 능력이다. 어떤 사물에 대해서 자신이 어떻게 느끼고 있는지 알며, 자신의 감정을 이해하고, 자신의 행동에 대해 통찰하며, 자신의 목표와 욕구 그리고 능력에 적합한 방식으로 행동하는 것이다.

마음의 눈으로 상대방의 의도를 읽는 능력이 있는 사람은 배려심도 탁월하다. 배려심은 세상과 조화를 이루는 연결고리이다. 삶을 바꾸는 것은 아주 사소한 일부터 시작될 수도 있고 먼저 상대방을 배려하는 마음은 사람들에게 감동을 준다.

배려는 자신을 소중히 여기는 사람이 할 수 있다. 자신을 소중히 여기지 않으면 어떤 일도 제대로 할 수 없고, 그 누구도 소중히 여길 수 없기 때문이다. 그러므로 다른 사람에게만 자신을 깍듯이 대우해 주기를 바랄 것이 아니라 자기 자신부터 스스로 소중하게 대우해주 어야 한다.

또한 행복한 사람이 세상을 행복하게 할 수 있다. 내가 행복해야 남도 배려하는 마음이 생기기 마련이다. 자신을 소중하게 여기면 노 여움과 분노보다는 자신뿐 아니라 다른 사람에게도 애정을 가지고 배려하는 마음이 생긴다.

배려는 상대가 원하는 것을 해주는 것으로, '내가 이렇게 하면 남 들이 어떤 불편을 겪을까?' 와 같은 생각을 하며 상대방의 관점에서 볼 때 베푸는 것이 가능하다.

얼마 전 텔레비전을 보니까 유아를 대상으로만 하는 미용실이 있 는데, 막무가내인 아이도 그 곳에만 가면 순한 양이 되어 힘들지 않 게 머리를 자를 수 있도록 가만히 있었다. 자세히 보니 그 미용실 원 장은 아이와 눈높이를 맞추어 이야기하고 세심한 배려를 하였다. 혹 시나 아이에게 상처를 입힐까봐 자신의 손톱도 매일 다듬고, 아이가 차가워할까봐 가위도 따뜻하게 해서 머리를 자르는 모습이 인상적 이었다. 아이의 입장에서 대하니 막무가내인 아이도 그분과 잠시 이 야기를 하다보면 우호적인 관계로 발전한다. 그 결과 미용실은 성업 중이었다.

인간관계를 유연하게 풀어내는 사람이 일처리를 효율적으로 하고 높은 성과를 이루기 때문에 대기업은 그런 인재를 찾게 될 것이라는 것이 중론이다. 현대사회에서는 상대방의 말에 귀 기울이는 사람, 애정 어린 눈빛으로 마음을 읽어주는 사람이 공부 잘하는 모범생보다 미래사회를 주도할 새 인간형의 조건이라고 역설하고 있다. 상대방의 마음을 헤아려 기분이 좋은지, 왜 기분이 나쁜지 섬세하게 읽고 배려하는 것은 인간관계를 유지하는 원동력이 된다.

유난히 어린 시절부터 타인을 배려하고 보살펴주는 아이도 있다. 그런 아이는 비록 어리지만 재빨리 상대방의 마음을 읽어 편하게 해준다. 재혁이의 경우를 들어보겠다.

재혁이는 유치원에 다닐 때부터 친구들을 잘 챙겨주고 선생님도 잘 도와준다는 이야기를 듣곤 했다. 재혁이가 초등학교 1학년 생일 때의 일이다. 생일 파티에 초대한 친구들이 다 온 것 같은데 재혁이가 누군가를 기다리고 있는 것 같았다.

초인종이 울려 나가보니 어떤 아이와 엄마가 서 있었다. 그 아이 엄마는 재혁이에게 고맙다고 이야기하고 파티가 끝나면 연락을 달라고 했다. 재혁이는 그 친구가 자기보다 조금은 행동이 미숙해보였는지 옆에서 챙겨주었는데, 미처 생각하지 못한 나에게 음식을 접시에 골고루 담아서 그 아이에게 주라고 했다. 지켜보니 그 아이가 친구들과 먹는 속도가 달라 제대로 먹지 못하니까 편하게 해주려고 마음을 쓴 것이었다.

얼마나 마음이 예쁜지 재혁이를 꼭 안아주었다. 바쁘다는 핑계로 제대로 반찬을 못 해줘서 미안할 때도 재혁이는 꼭 감탄을 해준다. "엄마, 정말 맛있어요."하면서 맛있게 먹으면 더 맛있게 해주겠다고 속으로 결심한다. 이런 재혁이의 배려는 사람의 마음을 읽고 끌어당겨서 행복하게 하고 웃게 만든다.

하루는 남편과 이야기하다가 내색은 안했지만 토라졌었다. 남편

과 산책을 나가기로 약속을 했었는데, 필자는 기분이 안 좋아서 피
곤하여 가지 않겠다고 말했다. 그런데 재혁이가 "엄마, 화 나셔서 안
나가려고 하는 거지요." 하는 거다. 미묘한 감정의 변화를 읽고 말하
는 것을 보고 얼마나 웃었는지 모른다. 마음이 상해도 전혀 내색을
안 했었는데, 그것을 알아차리고 말하는 것을 보면 재혁이는 마음을
읽는 능력이 탁월하다.

재혁이는 필자가 피곤해보이면 말없이 뒤에서 어깨를 주물러준
다. 아빠와 형에게도 참 따뜻하고 배려심이 많은 아이로 통한다.

자신과 부모를 신뢰하고, 열린 마음으로 사회를 보며, 매사에 긍
정적이고, 가슴이 따뜻하며, 배려심이 커서 희생과 봉사를 하는 사
람이 인간관계도, 인생도 성공할 것이다.

아이에게 사회성을 길러주자. 타인을 의식하는 법을 가르쳐주자.

 |제4장| 사회성과 자립심을 키워주는 좋은 습관

특히 공공장소에서 버릇없는 아이들이 많다. 그 아이들은 술래잡기, 뛰어다니기 등을 하며 제 집인 양 시끄럽게 한다. 아이는 부모의 정서적 특성을 닮는다. 아이가 공공장소에서 소리를 지르고 뛰어다니면 같이 소리 지르지 말고, 아이에게 이런 장소에서는 어떻게 행동해야 하는지 조용히 물어보자. 모른다면 설명해주고 질서의식이 습관화되도록 해야 한다.

요즘 엄마들은 아이가 기 죽는다고 혼내는 법이 없다고들 이야기한다. 그러나 적절한 꾸중은 결코 기 죽이는 것이 아니다. 남을 배려하는 마음은 어릴 적부터 길러야 한다.

부모도 아이를 배려하는 마음이 필요하다. 우리는 아이의 입장에서 얼마나 생각하고 행동하는지 생각해보자. 부부 동반 모임 혹은 친구들과 모임을 할 때 부모 자신은 재미있지만, 아이들은 어떨까 하고 생각해 본 적이 있는가? 조용히 하라고만 말하지 말고, 아이에게도 대안을 제시해주고 즐거운 환경을 만들어주어야 하지 않겠는가?

그런 곳에 갈 때는 아이가 좋아하는 책이나 장난감, 오락기 등을 준비해서 아이도 나름대로 즐거울 수 있게 하자. 부모가 아이의 입장에서 생각해보고 배려한다면 서로에게 행복한 시간이 될 것이다.

남에게 베푸는 법과 감사하는 법을 가르치고 아이가 약속을 꼭 지켜야 한다는 생각을 갖게 하자. 평소에 부모가 아이와 한 약속을 어기지 않고, 매사에 감사하며, 이웃과 더불어 살아가는 모범을 보인다면 아이도 그 모습을 닮아갈 것이다.

자기 생각만 옳다고 주장하기보다 남을 인정할 줄 아는 아이로 키우자. 남을 인정할 줄 아는 아이는 억지를 부리기보다는 다른 사람의 생각도 존중할 것이며, 정당한 결과라면 패배에도 승복할 것이다. 남의 생각과 행동을 인정하는 것이 자신의 생각과 행동이 틀렸다는 의미는 아니다. 자신을 신뢰하는 만큼 남을 존중할 줄 알아야 성숙한 사람이 된다.

아이에게도 감정을 적절히 조절할 수 있는 능력이 필요하다. 아이들은 성장 과정 동안 감정을 조절하면서 정체성과 인격을 형성해 간다. 감정 조절 능력이 부족하면 정서적으로 미숙한 상태가 된다. 또한 자긍심, 주인의식, 사회성도 떨어지게 된다. 남을 배려하는 아이는 위에서 말한 것처럼, 다른 사람에게 감사하고, 약속을 지킨다. 또한 남의 생각도 존중할 줄 알기에 감정을 조절할 줄 안다.

아이에게 자생력을 길러주라

15세기에 갈릴레오는 "사람은 가르칠 수 없다. 오직 그의 내면에 있는 것을 발견하도록 도울 수 있을 뿐이다."라고 갈파했다.

아이를 연령별 인지 발달에 적합한 환경에 노출시켜 교육하면 많은 것을 자연스럽게 발달시킬 수 있다. 아이의 인지 능력은 구체적 행동이나 놀이를 통해 발달된다. 아이 수준에 맞는 전시회, 음악회, 동화책, 그림책 등을 보고 듣게 하는 것은 아이에게 집중력과 잠재력을 길러주는 좋은 기회이다. 마음껏 뛰어 놀아본 아이가 적극적이고 창의적으로 자란다.

부모의 불안한 마음 때문에 조기 교육이 늘어나고 있지만, 시기에 맞는 적절한 교육이 필요하다. 여러 아이를 둘러보면 '천장의 원리'

가 적용된다. 천장의 원리란 아이의 능력에는 천장이 존재한다는 것이다.

말을 늦게 배우는 아이가 있는가 하면 빨리 배우는 아이도 있다. 그러나 일반적으로 4살이 되면 정상적인 아이는 말을 한다. 5살은 말을 시작하는 천장이다.

말을 늦게 시작한 아이든, 일찍 시작한 아이든 어느 시기가 되면 비슷해진다. 천장 시기에 맞으면 아무런 문제가 되지 않는다. 우리 아이가 조금 늦다고 걱정할 필요도 없고, 조금 빠르다고 자만할 것도 없다.

아이를 바라보는 부모의 조급함을 버리는 것이 중요하다. 부모의 태도가 부정적이면 아이는 자존감에 타격을 입고 자신감이 저하되어 열등감을 키우게 된다.

아이들은 자유롭게 마음껏 뛰어 놀다보면 쌓인 감정을 정화시키고 자신의 감정도 자유롭게 표현한다. 아이에게 자유 시간을 주면 아이는 무엇을 할지 생각하고, 친구를 찾고, 재미있는 놀이 계획을 세우면서 대인 관계와 사회성을 배우게 된다. 아이의 감성을 키워주고 상상력을 자극하는 도구는 자연이 그 어떤 장난감보다 나을 것이다.

자율성을 아이에게 부여하면 아이는 자신을 믿고 존중하는 마음을 스스로 가지는데, 이러한 자신감은 흔들리지 않는 신념을 심어주고, 자연스럽게 잠재력을 끌어내며 전인 발달을 돕는다. 즉, 아이가 누리는 자율성이 타고난 지능이나 환경보다 아이에게 더 큰 영향을 준다. 그러나 무엇이든 억지로 배우게 하면 재능이 숨어버린다.

부모의 지나친 욕심이 아이 교육을 실패로 이끈다. 아이가 재능

있는 분야를 찾을 수 있도록 어떤 놀이에 흥미를 가지고 활동을 꾸준히 하는지 지켜보자. 잠재된 능력은 어릴 때 나타나는 경우도 있으나, 사춘기 이후에 나타나기도 하므로 꾸준한 관찰과 기다림이 필요하다.

주변을 한번 둘러보자. 자연과 아이가 교감을 나눌 수 있는 환경을 제공하고 있는가? 부모들은 양질의 교육을 제공하고자 많은 노력을 하고 있지만, 아이들은 정작 병들어 가고 있는 것이 현실이다. 하는 것마다 성공만 하면 좋겠지만, 아이는 실수를 하면서 배우고 느끼면서 자란다.

수많은 일을 포기하며 살아온 우리 세대 부모들은 아이에게 "너는 끝까지 하는 것이 하나도 없다."고 하며 기죽이는 일에 익숙해져 있다. 그러나 아이가 호기심이 많아 그렇다고 생각해보면 어떨까?

아이가 호기심을 가지는 것은 자연스러운 일이다. 아이는 궁금한 것을 묻고 그에 대한 대답을 들으며 세상을 알아간다. 부모가 모르는 것이 있다면 모른다고 인정하는 것도 중요하다. 그러면 아이와 같이 알아가는 과정에서 부모에 대한 신뢰감도 더욱 깊어질 것이다.

무시하거나 부정적인 태도가 실수나 실패의 경험보다 더 무섭게 아이에게서 자신감을 앗아 간다. 아이는 부모가 하는 행동을 따라하려고 한다. 그런데 무조건 "너는 위험해서 안 된다."고 하면 아이의 호기심과 흥미의 싹을 자르는 것이 된다.

"장난치면 안 돼, 위험해서 안 돼, 시끄럽게 하면 안 돼." 등 부모들은 하루에도 수없이 "안 돼."라는 말을 하고 있다. 그러나 정말 해서는 안 될 일은 많지 않다. 물론 위험에서 멀어지게 하고 조금이라도 실패하지 않게 하려고 아이에게 그런다는 것은 이해한다. 하지만 직접 경험해보면 일을 시작할 때 자신을 신뢰하게 되고, 어려운 문제가 생겨도 해결할 수 있다는 자신감을 얻게 된다.

부모가 세워준 시간표 혹은 지시대로만 하지 않고 아이 스스로 자신을 관리하는 능력이 필요하다. 아이들을 지켜보면 이러한 능력은 나이와 무관하며, 어떻게 학습되어 왔느냐에 따라 달라진다. 부모는 힘든 일도 스스로 판단하여 해결할 수 있는 능력을 아이에게 길러주어야 한다.

세상에서 가장 믿을 수 있는 사람은 바로 자신이다. 자율적인 분위기 속에서 아이가 누구보다 자신을 신뢰하며, 많은 것을 헤쳐나갈 수 있도록 자생력을 길러주어라.

과잉보호보다
자율 속에서 크는 아이가 강하다

아이가 걸음마를 처음 배울 때 넘어지는 것은 보통 있는 일이다. 그러나 부모의 반응은 천차만별이다. 뒤에서 지켜보면서 격려하고 칭찬하는 엄마도 있고, 재빨리 뛰어가서 일으켜 주는 엄마도 있다.

그러나 어느 엄마라도 아이가 걸음마를 연습하면서 넘어지고 깨진다고 걸음마를 배우지 말라고 하지는 않는다. 바람직한 엄마는 무릎보호대와 팔목보호대를 채워서 격려하며 아이가 한 발짝씩 내딛을 때마다 아낌없는 박수와 칭찬을 보낼 것이다. 설령 아이가 넘어지더라도 실패라고 생각하지는 않을 것이다. 아장거리는 아기에게 실수에 대해 죄책감을 느끼게 하지도 않을 것이다. 아이의 행동은 이렇게 반복되는 엄마의 태도에 따라 길들여진다. 넘어지면 엄마가 계속 일으켜 주던 아이는 누군가가 일으켜줄 때까지 울면서 기다리게 된다.

대부분 부모들은 아이에게 문제가 있으면 느긋하게 기다리기보다는 해결 방안을 마련해주고, 심지어는 직접 나서서 해결해준다. 그러나 이러한 태도는 아이가 건강한 생각을 하는 사람, 자신도 존중하고 상대방도 존중할 줄 아는 사람으로 성장하는 데 도움을 주지 못한다. 아이가 넘어져도 재빨리 일으켜주지 않으면 어떻게든 아이는 스스로 문제를 해결하려 할 것이다. 아이도 타인에 의해 길들여져 있지 않은 학습 능력, 스스로의 욕구에 의하여 결정할 수 있는 능력을 길러야 한다.

자율성은 3세 전후에 형성되는데, 그때는 인생에서 가장 중요한 시점으로 자아가 출현하고 독립적인 인간이 되는 시기이다. 그전까지는 무엇이든지 아이 혼자서 하게 하지 않고 부모가 알아서 해주다 보니 거의 모든 아이가 자립심이 부족하다.

나이에 맞게 자신의 정서를 표현하고 잘 놀 줄 아는 아이로 만들기보다는 아이를 빨리 성공시키려고 하는 부모의 욕심이 아이의 전인적인 성장을 막고 있다. 아이들의 발달에 맞게끔 적절한 놀이와 환경을 제공하는 것이 조기 교육의 기본인데, 부모들은 조기 교육을 어떻게 접근하고 있는가?

지식과 인지는 다르다. 인지는 자극을 받아들이고, 저장하고, 인출하는 일련의 정신 과정으로 창의성, 지각 능력(판단), 기억력, 추리력, 문제 해결 능력 등을 포함한다. 그러나 지식은 인지의 한 부분이다. 세상을 살면서 지식도 중요하지만, 지각 능력과 문제 해결 능력도 얼마나 중요한지 부모들은 잘 알고 있을 것이다.

교육은 감각을 통해 배우는 것인데, 아이에게 좋은 교육 방법은 놀이이다. 자연 속에서 상상력과 창의성이 생기고, 정서와 사회성 발달도 더불어 되는데, 요즘 아이들에게는 자연스럽게 탐구할 수 있는 공간이 부족하다. 게다가 부모들은 탐구 능력을 자발적으로 기를 수 있는 활동조차 제한하고 있다.

'부모는 제1의 교사이다.' 라고 가정교육의 선구자 페스탈로치가 말했다. 가정교육을 제대로 하려면 부모가 먼저 바로 서고 변화해야 한다. 알면 알수록 어렵고 힘들지만 알고 있으면 행동으로 옮길 수 있다.

여러 가지 이유로 부모들이 필자의 워크숍에 참석한다. 그 중 기억에 많이 남는 한 엄마가 있다. 그 엄마가 자신을 소개하자 모든 엄마들이 부러워하는 대상이 되었다. 큰 아이가 대학에 입학을 하였다고 했는데 다들 부러워하는 명문 대학이었다.

그런데 그 엄마는 고민이 너무도 많다고 했다. 대다수 부모들처럼 그 엄마도 자기 아이가 공부를 잘 하길 바랐다. 그래서 아이에게 "넌 공부만 해. 나머지는 엄마가 다 알아서 할 게."라고 항상 이야기하였다.

지금까지 그 아이 엄마의 인생 최대 목표는 아이를 명문대에 입학시키는 것이었다. 그러니 당연히 모든 생활 중심은 아이에게 맞추어져 있었다. 딸의 모든 스케줄은 엄마에 의해 움직여졌다.

아이는 오로지 공부만 하면 되었다. 그것도 엄마가 학습 매니저가 되어 세워준 계획표대로만 하면 되는 것이었다.

다행히 아이는 공부를 잘했다. 그러나 할 줄 아는 것이라곤 공부밖에 없었다. 공부만큼은 잘하여 엄마들의 부러움을 한 몸에 샀다. 그 엄마는 그런 딸이 자랑스러웠다.

딸이 원하는 대학에는 입학을 하였는데, 그 다음부터 엄마의 마음은 지옥이 되었다.

이제부터는 혼자 모든 것을 알아서 하라고 했더니 아이는 혼란스러워 했고, 엄마 마음에 드는 것이 하나도 없었다. 여태까지 해주던 방 청소를 그만두니 방은 들어갈 수 없을 지경이 되고, 혼자서 밥을 차려 먹을 줄도 몰랐다.

그제야 사태의 심각성을 깨닫고 그 엄마는 워크숍에 참석하였는데, 어떻게 딸을 변화시켜야 할지 고민을 상담해 왔다. 아마 딸도 부모 못지않게 혼란스럽고 당혹스러웠을 것이다.

이 사례와 같이 대개 부모들은 아이가 스스로 경험하고 성공하고 실패할 기회를 주지않는다. 부모가 알아서 다 해결해주고 안전한 길만 제시해준다. 유아기 때부터 아이에게 다 알아서 해주다보니 대학에 들어가서야 자신의 정체성에 대해서 고민하는 사람이 늘고 있다. 그러나 정체성이 뛰어나야 성공한다.

필자의 큰 아이 재성이가 초등학교 때 아르바이트로 집 안을 청소할 테니 그 대가로 용돈을 달라고 했다. 그렇게 하기로 하고 지켜보니 재성이는 무엇을 어떻게 해야 하는지 모르는 것 같았다. 간단하게 방 청소는 해보았지만, 집 안 전체를 해야 한다니 엄두도 안 나고, 구체적인 방법도 모르는 것 같았다.

"거실은 청소기로 돌리고 빈틈없이 걸레질을 해야 한다. 욕실은
세제를 사용하여 구석구석 닦아내고, 주변정리도 해 놓아야 한다."
하고 하나하나 설명해주었는데 미덥지 않았다. 그러나 처음에는 청
소하는 것이 미숙하고 시간도 많이 걸렸지만, 거듭할수록 향상되어
갔다. 재성이에게 청소를 가르치면서 '나에게는 정말 간단한 일인
데, 경험해 보지 않은 아이에게는 무척 어려운 일이구나.' 하고 느낀
점이 많았었다.

여태까지 모든 것을 부모가 척척 알아서 해주다가 갑자기 알아서
하라고 한다면 아이도 난감할 것이다. 항상 아이에게 지시하고 문제
를 해결해주면 아이는 어느 사이 자신을 무능하게 느끼게 된다. 또
한 스스로 할 수 있는 일조차도 언제부터인가 포기하게 된다. 이것
은 "너는 엄마가 안 챙기면 안 된다니까.", "엄마가 시키는 대로 하
라니까."라고 하면서 그동안 필요 이상으로 챙겨주어 혼자서는 아무
것도 할 수 없는 아이로 키운 결과이다.

학교에 준비물을 제대로 못 챙겨 간 대부분의 아이는 엄마를 원망
한다. "엄마 때문에 선생님에게 혼났잖아." 자율성이 부족한 아이는
남을 원망하는 것부터 배운다.

자립심이 강하지만, 의존적이지 않은 아이로 키우자. 남과 더불어
살아가는 것과 의존적인 것은 다르다. 부모가 모든 것을 알아서 해
결해주면 아이는 모든 것을 부모에게 의존하게 되므로, 아이 자신이
할 수 있는 일은 직접하게 만드는 것이 자립심이 강한 아이로 만드
는 방법이다. 남에게 책임을 전가하지 않고 자기가 할 일을 스스로
알아서 하는 사람이 될 수 있도록 아이가 할 일은 아이가 하도록 그

냥 두자. 아이가 실수하면 따뜻하게 위로하고, 잘 할 수 있을 때까지
기다려 주면 된다. 과잉보호를 받으며 자라는 아이보다 자율 속에서
크는 아이가 강하다.

가림출판사 · 가림M&B · 가림Let's에서 나온 책들

문 학

바늘구멍
켄 폴리트 지음 / 홍영의 옮김 / 신국판 / 342쪽 / 5,300원

레베카의 열쇠
켄 폴리트 지음 / 손연숙 옮김 / 신국판 / 492쪽 / 6,800원

암병선
니시무라 쥬코 지음 / 홍영의 옮김 / 신국판 / 300쪽 / 4,800원

첫키스한 얘기 말해도 될까
김정미 외 7명 지음 / 신국판 / 228쪽 / 4,000원

사미인곡 上 · 中 · 下
김충호 지음 / 신국판 / 각 권 5,000원

이내의 끝자리
박수완 스님 지음 / 국판변형 / 132쪽 / 3,000원

너는 왜 나에게 다가서야 했는지
김충호 지음 / 국판변형 / 124쪽 / 3,000원

세계의 명언　편집부 엮음 / 신국판 / 322쪽 / 5,000원

여자가 알아야 할 101가지 지혜
제인 아서 엮음 / 지창국 옮김 / 4×6판 / 132쪽 / 5,000원

현명한 사람이 읽는 지혜로운 이야기
이정민 엮음 / 신국판 / 236쪽 / 6,500원

성공적인 표정이 당신을 바꾼다
마츠오 도오루 지음 / 홍영의 옮김 / 신국판 / 240쪽/ 7,500원

태양의 법
오오카와 류우호오 지음 / 민병수 옮김 / 신국판 / 246쪽 / 8,500원

영원의 법
오오카와 류우호오 지음 / 민병수 옮김 / 신국판 / 240쪽 / 8,000원

석가의 본심
오오카와 류우호오 지음 / 민병수 옮김 / 신국판 / 246쪽 / 10,000원

옛 사람들의 재치와 웃음
강형중 · 김경익 편저 / 신국판 / 316쪽 / 8,000원

지혜의 쉼터
쇼펜하우어 지음 / 김충호 엮음 / 4×6판 양장본 / 160쪽 / 4,300원

헤세가 너에게
헤르만 헤세 지음 / 홍영의 엮음 / 4×6판 양장본 / 144쪽 / 4,500원

사랑보다 소중한 삶의 의미
크리슈나무르티 지음 / 최윤영 엮음 / 신국판 / 180쪽 / 4,000원

장자-어찌하여 알 속에 털이 있다 하는가
홍영의 엮음 / 4×6판 / 180쪽 / 4,000원

논어-배우고 때로 익히면 즐겁지 아니한가
신도회 엮음 / 4×6판 / 180쪽 / 4,000원

맹자-가까이 있는데 어찌 먼 데서 구하려 하는가
홍영의 엮음 / 4×6판 / 180쪽 / 4,000원

아름다운 세상을 만드는 사랑의 메시지 365
DuMont monte Verlag 엮음 / 정성호 옮김
4×6판 변형 양장본 / 240쪽 / 8,000원

황금의 법
오오카와 류우호오 지음 / 민병수 옮김 / 신국판 / 320쪽 / 12,000원

왜 여자는 바람을 피우는가?
기젤라 룬테 지음 / 김현성 · 진정미 옮김 / 국판 / 200쪽 / 7,000원

세상에서 가장 아름다운 선물
김인자 지음 / 국판변형 / 292쪽 / 9,000원

수능에 꼭 나오는 한국 단편 33
윤종필 엮음 / 신국판 / 704쪽 / 11,000원

수능에 꼭 나오는 한국 현대 단편 소설
윤종필 엮음 및 해설 / 신국판 / 364쪽 / 11,000원

수능에 꼭 나오는 세계단편(영미권)
지창영 옮김 / 윤종필 엮음 및 해설 / 신국판 / 328쪽 / 10,000원

수능에 꼭 나오는 세계단편(유럽권)
지창영 옮김 / 윤종필 엮음 및 해설 / 신국판 / 360쪽 / 11,000원

대왕세종 1 · 2 · 3
박충훈 지음 / 신국판 / 각 권 9,800원

세상에서 가장 소중한 아버지의 선물
최은경 지음 / 신국판 / 144쪽 / 9,500원

건 강

아름다운 피부미용법
이순희(한독피부미용학원 원장) 지음 / 신국판 / 296쪽 / 6,000원

버섯건강요법
김병각 외 6명 지음 / 신국판 / 286쪽 / 8,000원

성인병과 암을 정복하는 유기게르마늄
이상현 편저 / 캬오 샤오이 감수 / 신국판 / 312쪽 / 9,000원

난치성 피부병
생약효소연구원 지음 / 신국판 / 232쪽 / 7,500원

新 방약합편
정도명 편역 / 신국판 / 416쪽 / 15,000원

자연치료의학　오홍근(신경정신과 의학박사 · 자연의학박사) 지음
신국판 / 472쪽 / 15,000원

약초의 활용과 가정한방
이인성 지음 / 신국판 / 384쪽 / 8,500원

역전의학
이시하라 유미 지음 / 유태종 감수 / 신국판 / 286쪽 / 8,500원

이순희식 순수피부미용법
이순희(한독피부미용학원 원장) 지음 / 신국판 / 304쪽 / 7,000원

21세기 당뇨병 예방과 치료법
이현철(연세대 의대 내과 교수) 지음 / 신국판 / 360쪽 / 9,500원

신재용의 민의학 동의보감
신재용(해성한의원 원장) 지음 / 신국판 / 476쪽 / 10,000원

치매 알면 치매 이긴다
배오성(백상한방병원 원장) 지음 / 신국판 / 312쪽 / 10,000원

21세기 건강혁명 밥상 위의 보약 생식
최경순 지음 / 신국판 / 348쪽 / 9,800원

기치유와 기공수련
윤한홍(기치유 연구회 회장) 지음 / 신국판 / 340쪽 / 12,000원

만병의 근원 스트레스 원인과 퇴치
김지혁(김지혁한의원 원장) 지음 / 신국판 / 324쪽 / 9,500원

김종성 박사의 뇌졸중 119
김종성 지음 / 신국판 / 356쪽 / 12,000원

탈모 예방과 모발 클리닉
장정훈 · 전재홍 지음 / 신국판 / 252쪽 / 8,000원

구태규의 100% 성공 다이어트
구태규 지음 / 4×6배판 변형 / 240쪽 / 9,900원

암 예방과 치료법

이춘기 지음 / 신국판 / 296쪽 / 11,000원

알기 쉬운 위장병 예방과 치료법
민영일 지음 / 신국판 / 328쪽 / 9,900원

이온 체내혁명
노보루 야마노이 지음 / 김병관 옮김 / 신국판 / 272쪽 / 9,500원

어혈과 사혈요법
정지천 지음 / 신국판 / 308쪽 / 12,000원

약손 경락마사지로 건강미인 만들기
고정환 지음 / 4×6배판 변형 / 284쪽 / 15,000원

정유정의 LOVE DIET
정유정 지음 / 4×6배판 변형 / 196쪽 / 10,500원

머리에서 발끝까지 예뻐지는 부분다이어트
신상만 · 김선민 지음 / 4×6배판 변형 / 196쪽 / 11,000원

알기 쉬운 심장병 119
박승정 지음 / 신국판 / 248쪽 / 9,000원

알기 쉬운 고혈압 119
이정균 지음 / 신국판 / 304쪽 / 10,000원

여성을 위한 부인과질환의 예방과 치료
차선희 지음 / 신국판 / 304쪽 / 10,000원

알기 쉬운 아토피 119
이승규 · 임승엽 · 김문호 · 안유일 지음 / 신국판 / 232쪽 / 9,500원

120세에 도전한다
이권행 지음 / 신국판 / 308쪽 / 11,000원

건강과 아름다움을 만드는 요가
정판식 지음 / 4×6배판 변형 / 224쪽 / 14,000원

우리 아이 건강하고 아름다운 롱다리 만들기
김성훈 지음 / 대국전판 / 236쪽 / 10,500원

알기 쉬운 허리디스크 예방과 치료
이종서 지음 / 대국전판 / 336쪽 / 12,000원

소아과 전문의에게 듣는 알기 쉬운 소아과 119
신영규 · 이강우 · 최성항 지음 / 4×6배판 변형 / 280쪽 / 14,000원

피가 맑아야 건강하게 오래 살 수 있다
김영찬 지음 / 신국판 / 256쪽 / 10,000원

웰빙형 피부 미인을 만드는 나만의 셀프 피부건강
양해원 지음 / 대국전판 / 144쪽 / 10,000원

내 몸을 살리는 생활 속의 웰빙 항암 식품
이승남 지음 / 대국전판 / 248쪽 / 9,800원

마음한글, 느낌한글
박완식 지음 / 4×6배판 / 300쪽 / 15,000원

웰빙 동의보감식 발마사지 10분
최미희 지음 / 신재용 감수 / 4×6배판 변형 / 204쪽 / 13,000원

아름다운 몸, 건강한 몸을 위한 목욕 건강 30분
임하성 지음 / 대국전판 / 176쪽 / 9,500원

내가 만드는 한방생주스 60
김영섭 지음 / 국판 / 112쪽 / 7,000원

몸을 살리는 건강식품
백은희 · 조창호 · 최양진 지음 / 신국판 / 384쪽 / 11,000원

건강도 키우고 성적도 올리는 자녀 건강
김진돈 지음 / 신국판 / 304쪽 / 12,000원

알기 쉬운 간질환 119
이관식 지음 / 신국판 / 264쪽 / 11,000원

밥으로 병을 고친다
허봉수 지음 / 대국전판 / 352쪽 / 13,500원

알기 쉬운 신장병 119
김형규 지음 / 신국판 / 240쪽 / 10,000원

마음의 감기 치료법 우울증 119

이민수 지음 / 대국전판 / 232쪽 / 9,800원

관절염 119
송영욱 지음 / 대국전판 / 224쪽 / 9,800원

내 딸을 위한 미성년 클리닉
강병문 · 이향아 · 최정원 지음 / 국판 / 148쪽 / 8,000원

암을 다스리는 기적의 치유법
케이 세이헤이 감수 / 카와키 나리카즈 지음 / 민병수 옮김
신국판 / 256쪽 / 9,000원

스트레스 다스리기
대한불안장애학회 스트레스관리연구특별위원회 지음
신국판 / 304쪽 / 12,000원

천연 식초 건강법 건강식품연구회 엮음 / 신재용(해성한의원 원장) 감수
신국판 / 252쪽 / 9,000원

암에 대한 모든 것
서울아산병원 암센터 지음 / 신국판 / 360쪽 / 13,000원

알록달록 컬러 다이어트
이승남 지음 / 국판 / 248쪽 / 10,000원

당신도 부모가 될 수 있다
정병준 지음 / 신국판 / 268쪽 / 9,500원

키 10cm 더 크는 키네스 성장법 김양수 · 이종균 · 최형규 · 표재환 · 김문희 지음
대국전판 / 312쪽 / 12,000원

당뇨병 백과
이현철 · 송영득 · 안철우 지음 / 4×6배판 변형 / 396쪽 / 16,000원

호흡기 클리닉 119
박성학 지음 / 신국판 / 256쪽 / 10,000원

키 쑥쑥 크는 롱다리 만들기
롱다리 성장클리닉 원장단 지음 / 4×6배판 변형 / 256쪽 / 11,000원

내 몸을 살리는 건강식품
백은희 · 조창호 · 최양진 지음 / 신국판 / 368쪽 / 11,000원

내 몸에 맞는 운동과 건강
하철수 지음 / 신국판 / 264쪽 / 11,000원

교 육

우리 교육의 창조적 백색혁명
원상기 지음 / 신국판 / 206쪽 / 6,000원

현대생활과 체육
조창남 외 5명 공저 / 신국판 / 340쪽 / 10,000원

퍼펙트 MBA IAE유학네트 지음 / 신국판 / 400쪽 / 12,000원

유학길라잡이 Ⅰ-미국편
IAE유학네트 지음 / 4×6배판 / 372쪽 / 13,900원

유학길라잡이 Ⅱ - 4개국편
IAE유학네트 지음 / 4×6배판 / 348쪽 / 13,900원

조기유학길라잡이.com
IAE유학네트 지음 / 4×6배판 / 428쪽 / 15,000원

현대인의 건강생활
박상호 외 5명 공저 / 4×6배판 / 268쪽 / 15,000원

천재아이로 키우는 두뇌훈련
나카마츠 요시로 지음 / 민병수 옮김 / 국판 / 288쪽 / 9,500원

두뇌혁명
나카마츠 요시로 지음 / 민병수 옮김 / 4×6판 양장본 / 288쪽 / 12,000원

테마별 고사성어로 익히는 한자
김경익 지음 / 4×6배판 변형 / 248쪽 / 9,800원

生생 공부비법 이은승 지음 / 대국전판 / 272쪽 / 9,500원

자녀를 성공시키는 습관만들기
배은경 지음 / 대국전판 / 232쪽 / 9,500원

한자능력검정시험 1급
한자능력검정시험연구위원회 편저 / 4×6배판 / 568쪽 / 21,000원
한자능력검정시험 2급
한자능력검정시험연구위원회 편저 / 4×6배판 / 472쪽 / 18,000원
한자능력검정시험 3급(3급II)
한자능력검정시험연구위원회 편저 / 4×6배판 / 440쪽 / 17,000원
한자능력검정시험 4급(4급II)
한자능력검정시험연구위원회 편저 / 4×6배판 / 352쪽 / 15,000원
한자능력검정시험 5급
한자능력검정시험연구위원회 편저 / 4×6배판 / 264쪽 / 11,000원
한자능력검정시험 6급
한자능력검정시험연구위원회 편저 / 4×6배판 / 168쪽 / 8,500원
한자능력검정시험 7급
한자능력검정시험연구위원회 편저 / 4×6배판 / 152쪽 / 7,000원
한자능력검정시험 8급
한자능력검정시험연구위원회 편저 / 4×6배판 / 112쪽 / 6,000원
볼링의 이론과 실기 이택상 지음 / 신국판 / 192쪽 / 9,000원
고사성어로 끝내는 천자문
조준상 글 · 그림 / 4×6배판 / 216쪽 / 12,000원
내 아이 스타 만들기
김민성 지음 / 신국판 / 200쪽 / 9,000원
교육 1번지 강남 엄마들의 **수험생 자녀 관리**
황송주 지음 / 신국판 / 288쪽 / 9,500원
초등학생이 꼭 알아야 할 **위대한 역사 상식**
우진영 · 이양경 지음 / 4×6배판 변형 / 228쪽 / 9,500원
초등학생이 꼭 알아야 할 **행복한 경제 상식**
우진영 · 전선심 지음 / 4×6배판 변형 / 224쪽 / 9,500원
초등학생이 꼭 알아야할 **재미있는 과학상식**
우진영 · 정경희 지음 / 4×6배판 변형 / 220쪽 / 9,500원
한자능력검정시험 3급 · 3급II
한자능력검정시험연구위원회 편저 / 4×6판 / 380쪽 / 7,500원
교과서 속에 꼭꼭 숨어있는 **이색박물관 체험** 이신화 지음
대국전판 / 248쪽 / 12,000원
초등학생 독서 논술(저학년) 책마루 독서교육연구회 지음
4×6배판 변형 / 244쪽 / 14,000원
초등학생 독서 논술(고학년) 책마루 독서교육연구회 지음
4×6배판 변형 / 236쪽 / 14,000원
놀면서 배우는 경제
김솔 지음 / 대국전판 / 196쪽 / 10,000원
건강생활과 레저스포츠 즐기기
강선희 외 11명 공저 / 4×6배판 / 324쪽 / 18,000원
아이의 미래를 바꿔주는 **좋은 습관**
배은경 지음 / 신국판 / 216쪽 / 9,500원

취미 · 실용

김진국과 같이 배우는 **와인의 세계**
김진국 지음 / 국배판 변형양장본(올 컬러판) / 208쪽 / 30,000원

경제 · 경영

CEO가 될 수 있는 성공법칙 101가지
김승룡 편역 / 신국판 / 320쪽 / 9,500원
정보소프트 김승룡 지음 / 신국판 / 324쪽 / 6,000원
기획대사전 다카하시 겐코 지음 / 홍영의 옮김

신국판 / 552쪽 / 19,500원
맨손창업 · 맞춤창업 BEST 74
양혜숙 지음 / 신국판 / 416쪽 / 12,000원
무자본, 무점포 창업! FAX 한 대면 성공한다
다카시로 고시 지음 / 홍영의 옮김 / 신국판 / 226쪽 / 7,500원
성공하는 기업의 인간경영 중소기업 노무 연구회 편저 / 홍영의 옮김
신국판 / 368쪽 / 11,000원
21세기 IT가 세계를 지배한다
김광희 지음 / 신국판 / 380쪽 / 12,000원
경제기사로 부자아빠 만들기
김기태 · 신현태 · 박근수 공저 / 신국판 / 388쪽 / 12,000원
포스트 PC의 주역 **정보가전과 무선인터넷**
김광희 지음 / 신국판 / 356쪽 / 12,000원
성공하는 사람들의 마케팅 바이블
채수명 지음 / 신국판 / 328쪽 / 12,000원
느린 비즈니스로 돌아가라
사카모토 게이이치 지음 / 정성호 옮김 / 신국판 / 276쪽 / 9,000원
적은 돈으로 큰돈 벌 수 있는 **부동산 재테크**
이원재 지음 / 신국판 / 340쪽 / 12,000원
바이오혁명
이주영 지음 / 신국판 / 328쪽 / 12,000원
성공하는 사람들의 **자기혁신 경영기술**
채수명 지음 / 신국판 / 344쪽 / 12,000원
CFO 교텐 토요오 · 타하라 오키시 지음 / 민병수 옮김
신국판 / 312쪽 / 12,000원
네트워크시대 네트워크마케팅
임동학 지음 / 신국판 / 376쪽 / 12,000원
성공리더의 7가지 조건
다이앤 트레이시 · 윌리엄 모건 지음 / 지창영 옮김
신국판 / 360쪽 / 13,000원
김종결의 성공창업
김종결 지음 / 신국판 / 340쪽 / 12,000원
최적의 타이밍에 **내 집 마련하는 기술**
이원재 지음 / 신국판 / 248쪽 / 10,500원
컨설팅 세일즈 *Consulting sales*
임동학 지음 / 대국전판 / 336쪽 / 13,000원
연봉 10억 만들기
김농주 지음 / 국판 / 216쪽 / 10,000원
주5일제 근무에 따른 **한국형 주말창업**
최효진 지음 / 신국판 변형 양장본 / 216쪽 / 10,000원
돈 되는 땅 돈 안되는 땅
김영준 지음 / 신국판 / 320쪽 / 13,000원
돈 버는 회사로 만들 수 있는 109가지
다카하시 도시노리 지음 / 민병수 옮김 / 신국판 / 344쪽 / 13,000원
프로는 디테일에 강하다
김미현 지음 / 신국판 / 248쪽 / 9,000원
머니투데이 송복규 기자의 **부동산으로 주머니돈 100배 만들기**
송복규 지음 / 신국판 / 328쪽 / 13,000원
성공하는 슈퍼마켓&편의점 창업
나명환 지음 / 4×6배판 변형 / 500쪽 / 28,000원
대한민국 성공 재테크 **부동산 펀드와 리츠로 승부하라**
김영준 지음 / 신국판 / 256쪽 / 12,000원
마일리지 200% 활용하기
박성희 지음 / 국판 변형 / 200쪽 / 8,000원
1%의 가능성에 도전, **성공 신화를 이룬 여성 CEO**
김미현 지음 / 신국판 / 248쪽 / 9,500원

3천만 원으로 **부동산 재벌 되기**
최수길 · 이숙 · 조연희 지음 / 신국판 / 290쪽 / 12,000원

10년을 앞설 수 있는 **재테크**
노동규 지음 / 신국판 / 260쪽 / 10,000원

세계 최강을 추구하는 도요타 방식
나카야마 키요타카 지음 / 민병수 옮김 / 신국판 / 296쪽 / 12,000원

최고의 설득을 이끌어내는 **프레젠테이션**
조두환 지음 / 신국판 / 296쪽 / 11,000원

최고의 만족을 이끌어내는 **창의적 협상**
조강희 · 조원희 지음 / 신국판 / 248쪽 / 10,000원

New 세일즈 기법 **물건을 팔지 말고 가치를 팔아라**
조기선 지음 / 신국판 / 264쪽 / 9,500원

작은 회사는 전략이 달라야 산다
황문진 지음 / 신국판 / 312쪽 / 11,000원

돈되는 슈퍼마켓&편의점 창업전략(입지 편)
나명환 지음 / 신국판 / 352쪽 / 13,000원

25·35 꼼꼼 여성 재테크
정원훈 지음 / 신국판 / 224쪽 / 11,000원

대한민국 2030 독특하게 창업하라
이상헌 · 이호 지음 / 신국판 / 288쪽 / 12,000원

주 식

개미군단 대박맞이 주식투자
홍성걸 (한양증권 투자분석팀 팀장) 지음 / 신국판 / 310쪽 / 9,500원

알고 하자! **돈 되는 주식투자**
이길영 외 2명 공저 / 신국판 / 388쪽 / 12,500원

항상 당하기만 하는 개미들의 매도 · 매수타이밍 **999% 적중 노하우**
강경무 지음 / 신국판 / 336쪽 / 12,000원

부자 만들기 주식성공클리닉
이창회 지음 / 신국판 / 372쪽 / 11,500원

선물 · 옵션 이론과 실전매매
이창회 지음 / 신국판 / 372쪽 / 12,000원

너무나 쉬워 재미있는 주가차트
홍성무 지음 / 4×6배판 / 216쪽 / 15,000원

주식투자 직접 투자로 높은 수익을 올릴 수 있는 비결
김학균 지음 / 신국판 / 230쪽 / 11,000원

역 학

역리종합 **만세력** 정도명 편저 / 신국판 / 532쪽 / 10,500원

작명대전 정보국 지음 / 신국판 / 460쪽 / 12,000원

하락이수 해설 이천교 편저 / 신국판 / 620쪽 / 27,000원

현대인의 창조적 **관상과 수상** 백운산 지음 / 신국판 / 344쪽 / 9,000원

대운용신영부적 정재원 지음 / 신국판 양장본 / 750쪽 / 39,000원

사주비결활용법 이세진 지음 / 신국판 / 392쪽 / 12,000원

컴퓨터세대를 위한 新 **성명학대전** 박용찬 지음 / 신국판 / 388쪽 / 11,000원

길흉화복 꿈풀이 비법 백운산 지음 / 신국판 / 410쪽 / 12,000원

새천년 **작명컨설팅** 정재원 지음 / 신국판 / 492쪽 / 13,900원

백운산의 **신세대 궁합** 백운산 지음 / 신국판 / 304쪽 / 9,500원

동자삼 작명학 남시모 지음 / 신국판 / 496쪽 / 15,000원

구성학의 기초 문길여 지음 / 신국판 / 412쪽 / 12,000원

소울음소리 이건우 지음 / 신국판 / 314쪽 / 10,000원

법률 일반

여성을 위한 **성범죄 법률상식**
조명원(변호사) 지음 / 신국판 / 248쪽 / 8,000원

아파트 난방비 75% 절감방법
고영근 지음 / 신국판 / 238쪽 / 8,000원

일반인이 꼭 알아야 할 절세전략 173선
최성호(공인회계사) 지음 / 신국판 / 392쪽 / 12,000원

변호사와 함께하는 **부동산 경매**
최환주(변호사) 지음 / 신국판 / 404쪽 / 13,000원

혼자서 쉽고 빠르게 할 수 있는 **소액재판**
김재용 · 김종철 공저 / 신국판 / 312쪽 / 9,500원

"술 한 잔 사겠다"는 말에서 찾아보는 **채권 · 채무**
변환철(변호사) 지음 / 신국판 / 408쪽 / 13,000원

알기쉬운 **부동산 세무 길라잡이**
이건우(세무서 재산계장) 지음 / 신국판 / 400쪽 / 13,000원

알기쉬운 **어음, 수표 길라잡이**
변환철(변호사) 지음 / 신국판 / 328쪽 / 11,000원

제조물책임법
강동근(변호사) · 윤종성(검사) 공저 / 신국판 / 368쪽 / 13,000원

알기 쉬운 **주5일근무에 따른 임금 · 연봉제 실무**
문강분(공인노무사) 지음 / 4×6배판 변형 / 544쪽 / 35,000원

변호사 없이 당당히 이길 수 있는 **형사소송**
김대환 지음 / 신국판 / 304쪽 / 13,000원

변호사 없이 당당히 이길 수 있는 **민사소송**
김대환 지음 / 신국판 / 412쪽 / 14,500원

혼자서 해결할 수 있는 **교통사고 Q&A**
조명원(변호사) 지음 / 신국판 / 336쪽 / 12,000원

알기 쉬운 **개인회생 · 파산 신청법**
최재구(법무사) 지음 / 신국판 / 352쪽 / 13,000원

생활법률

부동산 생활법률의 기본지식
대한법률연구회 지음 / 김원중(변호사) 감수 / 신국판 / 480쪽 / 12,000원

고소장 · 내용증명 생활법률의 기본지식
하태웅(변호사) 지음 / 신국판 / 440쪽 / 12,000원

노동 관련 생활법률의 기본지식
남동회(공인노무사) 지음 / 신국판 / 528쪽 / 14,000원

외국인 근로자 생활법률의 기본지식
남동회(공인노무사) 지음 / 신국판 / 400쪽 / 12,000원

계약작성 생활법률의 기본지식
이상도(변호사) 지음 / 신국판 / 560쪽 / 14,500원

지적재산 생활법률의 기본지식
이상도(변호사) · 조의제(변리사) 공저 / 신국판 / 496쪽 / 14,000원

부당노동행위와 부당해고 생활법률의 기본지식
박영수(공인노무사) 지음 / 신국판 / 432쪽 / 14,000원

주택 · 상가임대차 생활법률의 기본지식
김운용(변호사) 지음 / 신국판 / 480쪽 / 14,000원

하도급거래 생활법률의 기본지식
김진홍(변호사) 지음 / 신국판 / 440쪽 / 14,000원

이혼소송과 재산분할 생활법률의 기본지식
박동섭(변호사) 지음 / 신국판 / 460쪽 / 14,000원

부동산등기 생활법률의 기본지식

정상태(법무사) 지음 / 신국판 / 456쪽 / 14,000원

기업경영 생활법률의 기본지식
안동섭(단국대 교수) 지음 / 신국판 / 466쪽 / 14,000원

교통사고 생활법률의 기본지식
박정무(변호사) · 전병찬 공저 / 신국판 / 480쪽 / 14,000원

소송서식 생활법률의 기본지식
김대환 지음 / 신국판 / 480쪽 / 14,000원

호적 · 가사소송 생활법률의 기본지식
정주수(법무사) 지음 / 신국판 / 516쪽 / 14,000원

상속과 세금 생활법률의 기본지식
박동섭(변호사) 지음 / 신국판 / 480쪽 / 14,000원

담보 · 보증 생활법률의 기본지식
류창호(법학박사) 지음 / 신국판 / 436쪽 / 14,000원

소비자보호 생활법률의 기본지식
김성천(법학박사) 지음 / 신국판 / 504쪽 / 15,000원

판결 · 공정증서 생활법률의 기본지식
정상태(법무사) 지음 / 신국판 / 312쪽 / 13,000원

산업재해보상보험 생활법률의 기본지식
정유석(공인노무사) 지음 / 신국판 / 384쪽 / 14,000원

처 세

성공적인 삶을 추구하는 여성들에게 우먼파워
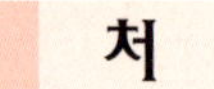
조안 커너 · 모이라 레이너 공저 / 지창영 옮김
신국판 / 352쪽 / 8,800원

聽 이익이 되는 말 話 손해가 되는 말
우메시마 미요 지음 / 정성호 옮김 / 신국판 / 304쪽 / 9,000원

부자들의 생활습관 가난한 사람들의 생활습관
다케우치 야스오 지음 / 홍영의 옮김 / 신국판 / 320쪽 / 9,800원

코끼리 귀를 당긴 원숭이-히딩크식 창의력을 배우자
강충인 지음 / 신국판 / 208쪽 / 8,500원

성공하려면 유머와 위트로 무장하라
민영욱 지음 / 신국판 / 292쪽 / 9,500원

등소평의 오뚝이전략
조창남 편저 / 신국판 / 304쪽 / 9,500원

노무현 화술과 화법을 통한 이미지 변화
이현정 지음 / 신국판 / 320쪽 / 10,000원

성공하는 사람들의 토론의 법칙
민영욱 지음 / 신국판 / 280쪽 / 9,500원

사람은 칭찬을 먹고산다
민영욱 지음 / 신국판 / 268쪽 / 9,500원

사과의 기술
김농주 지음 / 신국판 변형 양장본 / 200쪽 / 10,000원

취업 경쟁력을 높여라
김농주 지음 / 신국판 / 280쪽 / 12,000원

유비쿼터스시대의 블루오션 전략
최양진 지음 / 신국판 / 248쪽 / 10,000원

나만의 블루오션 전략-화술편
민영욱 지음 / 신국판 / 254쪽 / 10,000원

희망의 씨앗을 뿌리는 20대를 위하여
우광균 지음 / 신국판 / 172쪽 / 8,000원

끌리는 사람이 되기위한 이미지 컨설팅
홍순아 지음 / 대국전판 / 194쪽 / 10,000원

글로벌 리더의 소통을 위한 스피치
민영욱 지음 / 신국판 / 328쪽 / 10,000원

명 상

명상으로 얻는 깨달음
달라이 라마 지음 / 지창영 옮김 / 국판 / 320쪽 / 9,000원

어 학

2진법 영어
이상도 지음 / 4×6배판 변형 / 328쪽 / 13,000원

한 방으로 끝내는 영어
고제윤 지음 / 신국판 / 316쪽 / 9,800원

한 방으로 끝내는 영단어
김승엽 지음 / 김수경 · 카렌다 감수 / 4×6배판 변형 / 236쪽 / 9,800원

해도해도 안 되던 영어회화 하루에 30분씩 90일이면 끝낸다
Carrot Korea 편집부 지음 / 4×6배판 변형 / 260쪽 / 11,000원

바로 활용할 수 있는 기초생활영어
김수경 지음 / 신국판 / 240쪽 / 10,000원

바로 활용할 수 있는 비즈니스영어
김수경 지음 / 신국판 / 252쪽 / 10,000원

생존영어55
홍일록 지음 / 신국판 / 224쪽 / 8,500원

필수 여행영어회화
한현숙 지음 / 4×6판 변형 / 328쪽 / 7,000원

필수 여행일어회화
윤영자 지음 / 4×6판 변형 / 264쪽 / 6,500원

필수 여행중국어회화
이은진 지음 / 4×6판 변형 / 256쪽 / 7,000원

영어로 배우는 중국어
김승엽 지음 / 신국판 / 216쪽 / 9,000원

필수 여행스페인어회화
유연창 지음 / 4×6판 변형 / 288쪽 / 7,000원

바로 활용할 수 있는 홈스테이 영어
김형주 지음 / 신국판 / 184쪽 / 9,000원

필수 여행러시아어회화
이은수 지음 / 4×6판 변형 / 248쪽 / 7,500원

레포츠
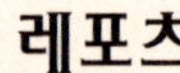

수열이의 브라질 축구 탐방 삼바 축구, 그들은 강하다
이수열 지음 / 신국판 / 280쪽 / 8,500원

마라톤, 그 아름다운 도전을 향하여
빌 로저스 · 프리실라 웰치 · 조 헨더슨 공저 / 오인환 감수 / 지창영 옮김 / 4×6배판 / 320쪽 / 15,000원

퍼팅 메커닉
이근택 지음 / 4×6배판 변형 / 192쪽 / 18,000원

아마골프 가이드
정영호 지음 / 4×6배판 변형 / 216쪽 / 12,000원

인라인스케이팅 100%즐기기
임미숙 지음 / 4×6배판 변형 / 172쪽 / 11,000원

배스낚시 테크닉
이종건 지음 / 4×6배판 / 440쪽 / 20,000원

나도 디지털 전문가 될 수 있다!!!
이승훈 지음 / 4×6배판 / 320쪽 / 19,200원

스키 100% 즐기기
김동환 지음 / 4×6배판 변형 / 184쪽 / 12,000원

태권도 총론
하웅의 지음 / 4×6배판 / 288쪽 / 15,000원

건강하고 아름다운 동양란 기르기
난마을 지음 / 4×6배판 변형 / 184쪽 / 12,000원

수영 100% 즐기기
김종만 지음 / 4×6배판 변형 / 248쪽 / 13,000원

애완견114
황양원 엮음 / 4×6배판 변형 / 228쪽 / 13,000원

건강을 위한 웰빙 걷기
이강옥 지음 / 대국전판 / 280쪽 / 10,000원

우리 땅 우리 문화가 살아 숨쉬는 옛터
이형권 지음 / 대국전판 올컬러 / 208쪽 / 9,500원

아름다운 산사
이형권 지음 / 대국전판 올컬러 / 208쪽 / 9,500원

골프 100타 깨기
김준모 지음 / 4×6배판 변형 / 136쪽 / 10,000원

쉽고 즐겁게! 신나게! 배우는 재즈댄스
최재선 지음 / 4×6배판 변형 / 200쪽 / 12,000원

맛과 멋이 있는 낭만의 카페
박성찬 지음 / 대국전판 올컬러 / 168쪽 / 9,900원

한국의 숨어 있는 아름다운 풍경
이종원 지음 / 대국전판 올컬러 / 208쪽 / 9,900원

사람이 있고 자연이 있는 아름다운 명산
박기성 지음 / 대국전판 올컬러 / 176쪽 / 12,000원

마음의 고향을 찾아가는 여행 포구
김인자 지음 / 대국전판 올컬러 / 224쪽 / 14,000원

골프 90타 깨기
김광섭 지음 / 4×6배판 변형 / 148쪽 / 11,000원

생명이 살아 숨쉬는 한국의 아름다운 강
민병준 지음 / 대국전판 올컬러 / 168쪽 / 12,000원

틈나는 대로 세계여행
김재관 지음 / 4×6배판 변형 올컬러 / 368쪽 / 20,000원

KLPGA 최여진 프로의 센스 골프
최여진 지음 / 4×6배판 변형 올컬러 / 192쪽 / 13,900원

해양스포츠 카이트보딩
김남용 편저 / 신국판 올컬러 / 152쪽 / 18,000원

KTPGA 김준모 프로의 파워 골프
김준모 지음 / 4×6배판 변형 올컬러 / 192쪽 / 13,900원

골프 80타 깨기
오태훈 지음 / 4×6배판 변형 / 132쪽 / 10,000원

신나는 골프 세상
유응열 지음 / 4×6배판 변형 올컬러 / 232쪽 / 16,000원

풍경 속을 걷는 즐거움 명상 산책
김인자 지음 / 대국전판 올컬러 / 224쪽 / 14,000원

이신 프로의 더 퍼펙트
이신 지음 / 국배판 / 336쪽 / 28,000원

주니어출신 박영진 프로의 주니어골프
박영진 지음 / 4×6배판 변형 올컬러 / 164쪽 / 11,000원

골프손자병법
유응열 지음 / 4×6배판 변형 올컬러 / 212쪽 / 16,000원

3.3.7 세계여행
김완수 지음 / 4×6배판 변형 올컬러 / 280쪽 / 12,900원

박영진 프로의 주말 골퍼 100타 깨기
박영진 지음 / 4×6배판 변형 올컬러 / 160쪽 / 12,000원

여성실용

결혼준비, 이제 놀이가 된다 김창규 · 김수경 · 김정철 지음
4×6배판 변형 올컬러 / 230쪽 / 13,000원

아이의 미래를 바꿔주는 **좋은 습관**

2008년 3월 1일 제1판 1쇄 발행

지은이/배은경
펴낸이/강선희
펴낸곳/가림출판사

등록/1992. 10. 6. 제4-191호
주소/서울시 광진구 구의동 57-71 부원빌딩 4층
대표전화/458-6451   팩스/458-6450
홈페이지/ www.galim.co.kr
전자우편/galim@galim.co.kr

값 9,500원

ISBN 978-89-7895-288-0 13370